考上第一志願的房間

朝日奈由華／著
謝佳玲／譯

3章 東大生‧宿舍的房間

4章 東大生‧住在父母家的房間

5章 京大生的房間

6章 東大生・京大生的合格經驗方程式

前言

「考上第一志願的學生，究竟有多用功？是不是看很多書？房間都很整潔嗎？平常會不會打電動？有沒有在看綜藝節目？一個人住的話，大概要花多少錢？是不是常常出去吃吃喝喝呢？」

因我開設家庭教師派遣中心，經常會有許多學生或家長來問我這些問題。

家庭教師必須到學生家中上課，自然看過不少學生的房間。有些男同學在學校看起來很安靜，但在自己房間內向人展示貝殼收藏時，就突然變得神采飛揚起來；有的女同學喜歡讀書、成績又好，但每天一定要調整衣櫃裡衣服的排列順序，如果不這樣做就會覺得渾身不對勁⋯⋯。由於想要瞭解這些人的房間與學生個性、家人、生活習慣的關係，我調查了許多實例，也進行了許多研究。

一個人的房間，無論屋主是孩童或大人，都會直接或間接反映出房間主人的個性、背景、經濟狀況、習慣、嗜好與心態，呈現出所謂的人生百態。一百個人就會有一百種樣子，沒有一個人的房間會與另一個人完全相同。

我的家教在教導國、高中生輕鬆完成整理房間或資料歸檔時，學生經常會丟出本文一開始所提到的幾個問題。他們會問：「我看過一本書說，『考上東大的學生，筆記都做得很漂亮。』但他們的房間是不是也一樣井然有序呢？有沒有人的房間跟垃圾堆一樣髒亂？桌面真的都整理得很整齊嗎？」除此之外，他們對第一志願者的心態也很感興趣，希望從我們口中知道「這些人準備考試時有沒有碰到什麼挫折？而他們又是如何突破難關的？」

考生的父母也會希望知道「該準備多少錢給孩子當零用錢？孩子一個人住需要些什麼？宿舍生活怎樣？」等經濟方面的資訊。而大學生的父母，則特別在意「我的孩子是不是認真在過大學生活？」等生活面的問題。

由於聽過太多這些問題，所以我們特別針對東大生與京大生這兩個日本

的第一志願學校，這些學生的房間進行了直擊訪問。本書完全公開房屋租金、零用錢金額、打工狀況、家人職業等個人資料，並經由訪談讓大學生們直接吐露心聲，包括目前的生活狀況，從前準備考試的狀況，及自己的人生觀等等，然後將這些訪問集結成冊，堂堂推出。

全日本有無數的考生都立志要考上第一志願的東京大學和京都大學，希望透過本書能讓大家一窺神秘感十足的大學生活，幫助考生突破考試難關，即使人生遭遇磨難，也能參考本書而獲得激勵，進而產生力量與勇氣。

訪問前，我們將所有高中考生所提出最想知道的問題，集結成「高中生最想知道的一〇〇個疑問」，並且拿這些問題去問東大生與京大生，然後將答案記錄下來。

最後，我們終於從這些第一志願上榜者的不同的生活、個性與思考方式中，找到了共通點與模式。這些內容我們將在第6章為各位進行詳細說明。不過有一點很重要，因此現在就想跟大家分享，那就是在接受訪問的東大生與京大生中有一個共通點，那就是他們的心胸都很開闊。

我們才問一下，甚至不用多問，這些資優生自己就會掏心掏肺，將考試的成績，包包裡放了什麼東西，畢業以後想做什麼，自己的失戀經驗（故事還蠻長的），感情狀況（順便也跟我們商量），乃至於家庭問題等，大學生涯的秘密情報或個人私事都全盤托出。

正因如此，我們才得以透過這些資優生的學業活動、私人生活與內心想法，了解他們考上後光鮮亮麗的生活，與不為人知的真實心情。

那麼，現在就讓我們一起本大刺刺地偷看這些資優生的房間，一同參與第一志願上榜者悲喜交加的人生！

※照片為東京大學本鄉校區正門的銀杏大道，一直延伸到安田講堂。

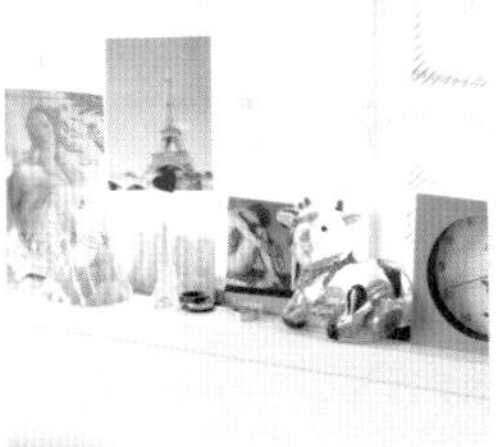
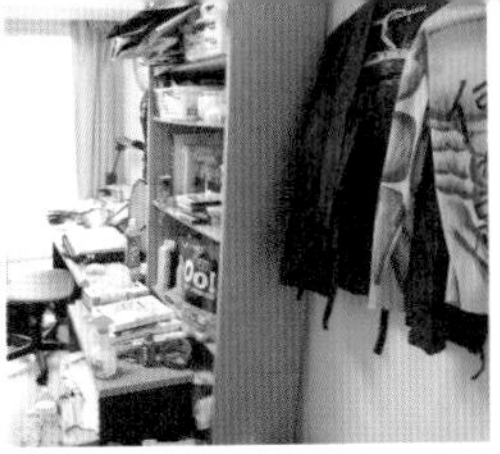
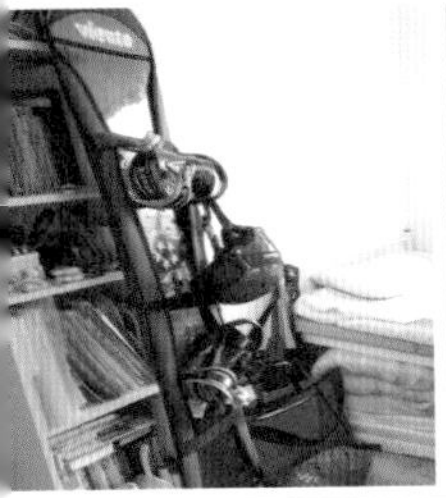
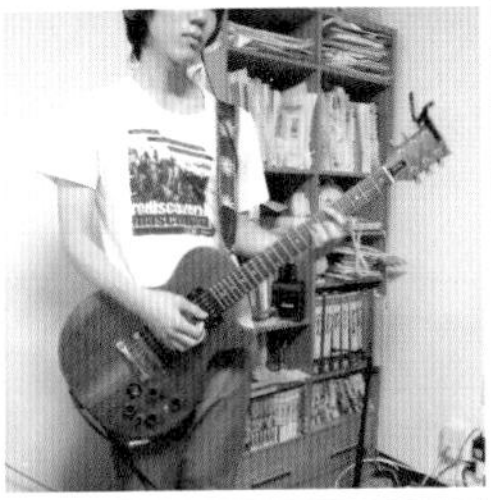
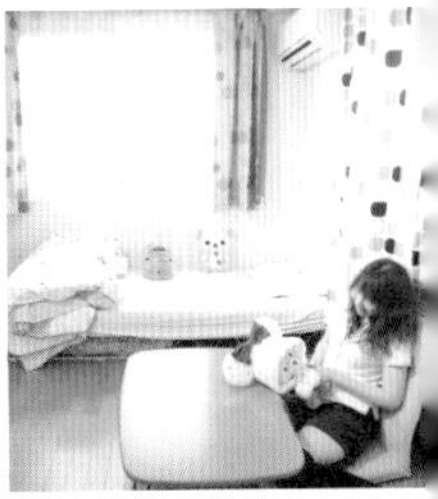
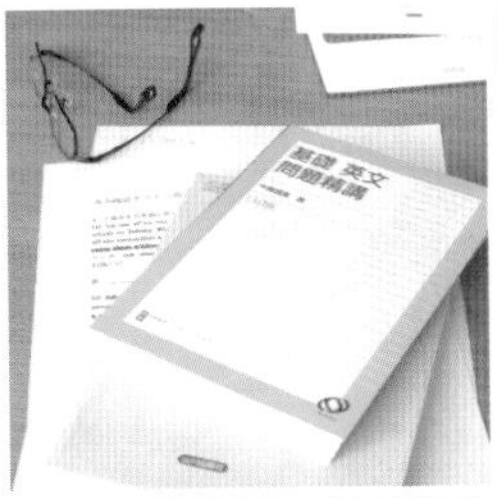

1章

東大生・個人套房的房間

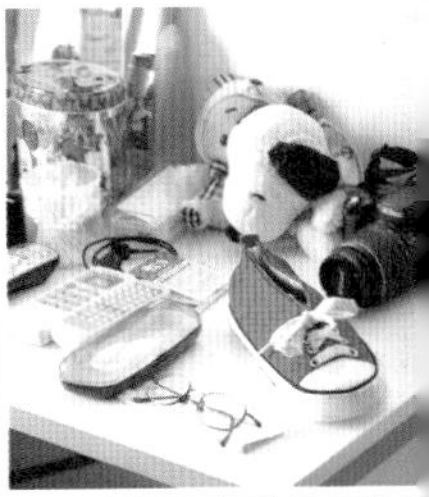
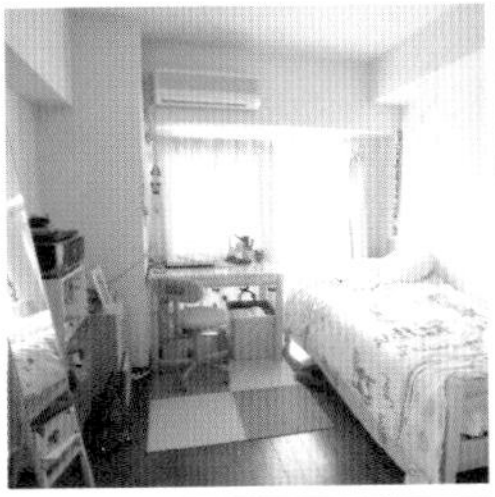
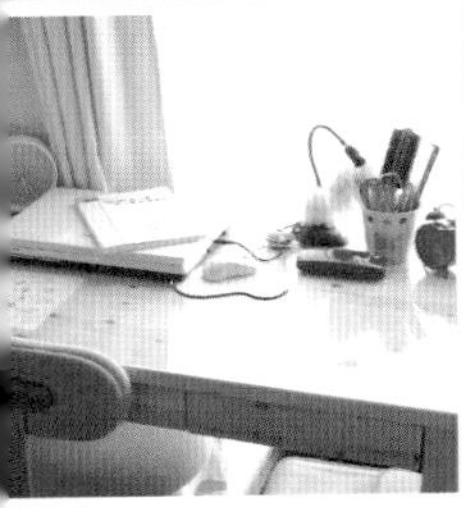
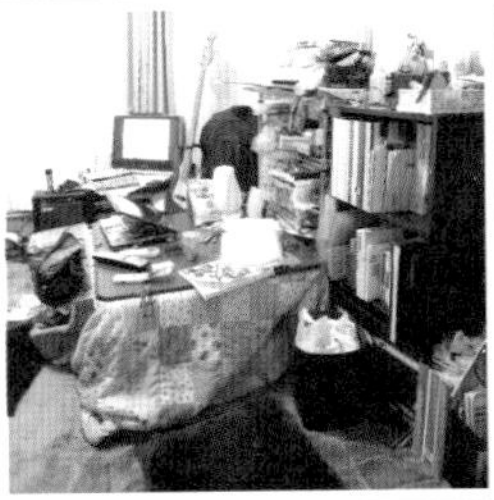
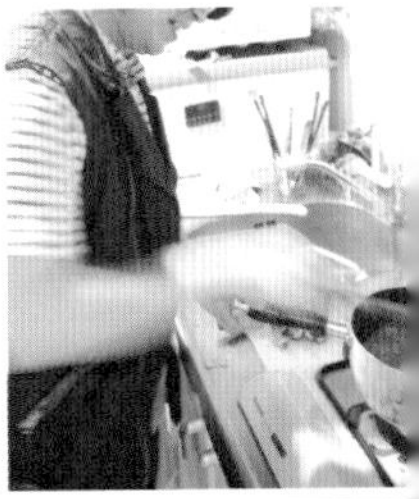
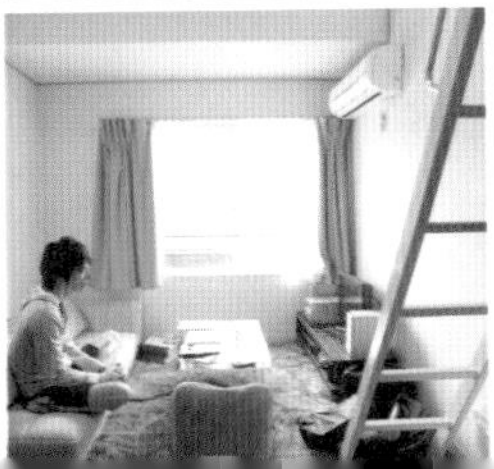
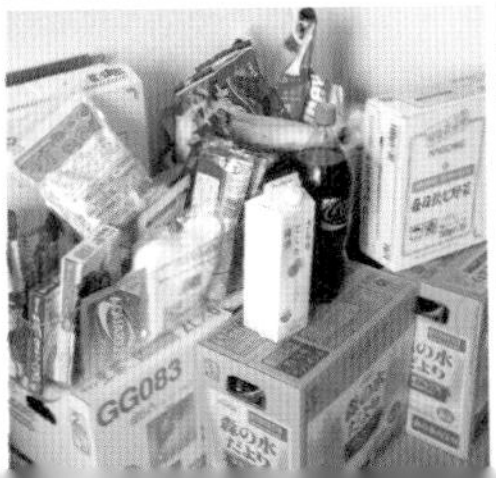

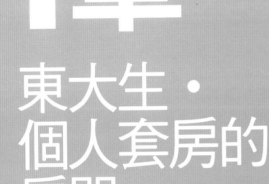

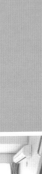

01

兼具「愛逗人笑的風趣傢伙」與「行事嚴謹愛念書」兩種個性，男學生的房間

木戶浦 悠介

他是東京大學最大社團──「運動同好社」的社長。
平常雖然給人愛玩的印象，
但看到他的房間，包準你會嚇一跳！
無論是書本、影印資料，還是高中時的成績單，
通通整理得有條不紊。

PROFILE

學部・學年 教養學部※ 理科一類2年級，重考一年。	
居住風格 單身住在東京世田谷區。樓中樓套房附廚房，租金83000日圓。	
參加社團 東京大學運動同好社・排球部	
家人 父（電子業顧問公司老闆） 母（家庭主婦）	出生地 靜岡縣靜岡市
畢業高中 靜岡縣立靜岡高中	血型 A型
工讀狀況 在補習班當數理講師，時薪2500日圓。	
興趣 排球、看書、喝酒	
喜歡住處的優點？ 安靜、附閣樓、離商店街很近。	
畢業後打算朝哪方面發展？ 想從事與能源研究有關的工作。	

※東京大學的教育體制，課程分前期與後期，大一、大二生須先進入「教養學部」六個科類（文科一、二、三類，理科一、二、三類）其中一科類，先接受前期課程，待大三「進振」（即「分系」）後，大三、大四才能進入自己的學科學習後期課程。文科一類以法政為主，文科二類以經濟為主，文科三類以語言、思想、歷史為主；理科一類以數學、物理學、化學為主，理科二類以生物學、化學、物理學為主，理科三類同樣以生物學、化學、物理學為主，但重點為人類生命與社會的關係，強調的是科學或技術與社會的關係，與理科二類不同。

弄丟手機，
一臉睡眼惺忪地出現在我們眼前……

採訪前後兩次才成功。第一次採訪，因木戶浦同學「手機掉了」，連絡不上而作罷；第二次登門造訪時，看見門口信箱塞滿報紙，很擔心他不在家，所以拼命按了20幾次門鈴，最後他終於現身。

「我在睡覺～」他一臉宿醉剛醒的模

他認為「人是為了知道自己的不足而唸書」，所以書架上除了專業書籍，也有很多商業及哲學類。

房間約8塊塌塌米大，包含走廊上的廚房及閣樓，看起來井然有序。「一個人住，最重要的事就是打掃。打掃不能等到有時間才去做，而要督促自己，如果現在該做就要立刻做！」

樣。我心想，他總算出現了！

「真的很抱歉，今天的狀況很糟，我都還沒刷牙洗臉呢～」他不斷地向我道歉，訪談開始後，還一直耍寶逗人開心。

從他的熱忱與親切招呼聲中，我們不難理解，為何他會成為東京大學（簡稱「東大」）社員人數最多的社團——「運動同好社」的社長。

「運動同好社」共有網球、籃球等七個類別，每學年約有二〇〇名社員。

「所以走在校園裡經常會遇到社團的同學！」他笑著說。

社團的社長都做些什麼呢？

「我必須舉辦社團每月一次的球季大賽＋聚餐活動，並規劃夏令與冬令的「合宿」活動※。啊！這裡剛好有張照片，你要不要刊登呢？」他將合宿的照片拿給我們看，不過，因為擔心照片可能會破壞考生對東大資

成績好的人，書桌真的都比較整潔嗎？「就我個人來說，準備考試的時間，我的書桌確實很整潔。不過，很多房間亂七八糟的人也照樣考上明星學校，因此，我覺得這種說法有點無稽。」

優生的印象，所以我們還是決定不刊登。

※所謂合宿，是指一群人到偏遠的深山或海邊住宿，清晨就開始認真唸書或運動，晚上則聚會喝酒，有些合宿還要表演特殊才藝來娛樂大家。長則幾週，短則數日，期間煮飯、打掃都得自己來。

補習班宿舍的生活活像監獄，醒著的時候，沒有一刻不是在念書

由於他剛開始的表現，讓我們既安心又驚訝，想不到東京大學也有這種糊塗的學生，但是一看到他書架上高中時的成績資料夾，我真的嚇了一跳。書架上的文件資料不僅按時間順序排列，也清楚標明每個資料夾的內容，既整齊又美觀，可見他歸檔的能力很強，讓人懷疑東大生究竟是人可貌相，還是人不可貌相。

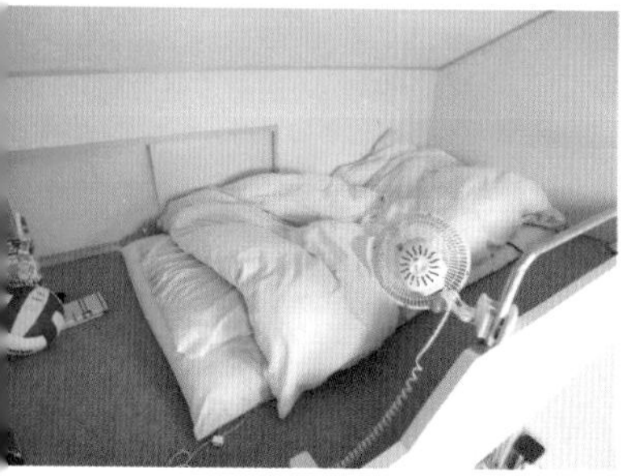

閣樓是臥室。「我最喜歡這裡的閣樓。它的存在，讓我生活過得好愜意。」

高中時期，他是學校排球隊的主將，而真正用心準備考試，則是社團活動完全結束之後，也就是大考前半年的七月。當年他的第一志願是京都大學，不過因模擬考成績※的合格指數只有E（代表成績超爛），所以不僅京大沒上，連大阪大學及早稻田大學也通通落榜。

※日本高中考生在正式參加各大學入學考試前，都會先接受一種模擬測驗，了解自己考上的可能性。一般會分成ABCD四級，A代表考上可能性為8成，B代表5成，C代表2成，D則為2成以下。

「京大成績揭曉，一看，我的數學成績只有5分（笑）。這樣的成績考得上才有鬼咧！」滿分是二〇〇分，成績這麼爛，虧他隔年還考得上。

「考試落榜，我決定重考，便住進河合塾※補習班的宿舍。補習班分析各校出題的趨勢之後，發現我比較適合報考東大，因為較容易得到高分，於是我便將第一志願由京大改成東大，當時壓根沒考慮自己原本的成績有多爛（笑）。」

※日本知名連鎖升學補習班。

考試落榜後，他踏上重考之路，住進補習班宿舍，每天讀書時間超過10小時。

「補習班的宿舍就像監獄。房裡只有書桌跟床，完全沒有電視、漫畫或網路。人待在裡面就只能念書。」因為這個緣故，夏季模擬考試的成績突然飆到A，考上東大的機會很大。

「話雖如此，但因我在補習班的實力測驗成績不理想，所以每天還是覺得很沮喪。當然，誰叫那裡是監獄，而且還不知能不能出獄

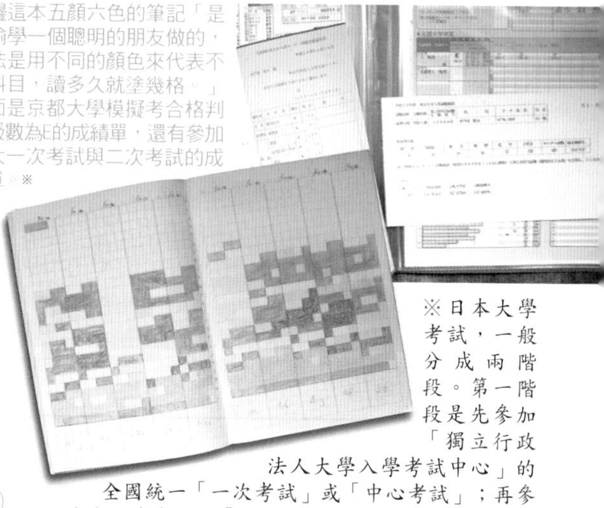

手邊這本五顏六色的筆記「是我偷學一個聰明的朋友做的，做法是用不同的顏色來代表不同科目，讀多久就塗幾格。」後面是京都大學模擬考合格判定級數為E的成績單，還有參加東大一次考試與二次考試的成績單。※

※日本大學考試，一般分成兩階段。第一階段是先參加「獨立行政法人大學入學考試中心」的全國統一「一次考試」或「中心考試」；再參加由各大學命題的「二次考試」。

（笑）。」

女友與優秀室友的支持讓我得以突破考試難關

「當時無法跟女友見面，只能用簡訊或電話聯絡，所以心情一直很亂，很想快點考上大學，脫離補習班住宿生活。再加上，我有個念書衝勁超強，後來考上名古屋大學醫學院的室友跟我作伴。我想我能定下心來念書，全要歸功於他的潛移默化（笑）。我到現在都還很尊敬這位室友！」他說。

請他給考生們一些建議，他認真地回答：「凡事都要先跨出第一步，才有可能產生幹勁，如果什麼都不做，大腦就不會活動起來，因此，最重要的就是要付諸行動。只要你卯起來念書，你就會發現念書不僅可以幫你達成考上的目標，還有其他許多的優點。」他更進一步補充說明，

「再說，擔心東擔心西，最後還不是一樣要念書。念書就跟運動一樣，都會遇到停滯期。念書並不是念多少就有多少，而是當累積到一定程度後，才會爆發出來，讓你『猛然大躍進』。所以說，希望大家都能堅持到底！」

說得真好！我相信，由於他曾有在「監獄」中等待「覺醒」與「開竅」到來的經驗，因此他所說的這番話，必定能打動考生們的心！

每月收入包括：獎學金50000日圓＋父母給的零用錢50000日圓＋打工收入20000～40000日圓。房租、水電瓦斯費與手機的通話費等，會另外跟父母拿。「有時候還是會不夠用。」

左上為走廊旁邊的廚房。他幾乎每天都會下廚做義大利麵或中華料理。「透過自己做菜，讓我了解到這個社會的勞動要花多少錢。」他這麼說。右上「在冰箱上放個微波爐」，剛好跟書架一樣高，這裡也運用了巧思！沙發跟桌子統一使用比較低的款式，加上天花板本來就有挑高，所以整個房間看起來非常寬敞。喜歡購買各種家飾。右「我昨天才剛買DVD播放機喲～」他一臉樂不可支的樣子。

懂得自己製造音效器，也很會做菜。希望能從事核融合研究相關工作，理科男生的房間

02

岡　裕貴

高三那年11月才開始準備考試※，
根本來不及念完所有的科目。
落榜重考後，他的成績突飛猛進，
不僅明白為什麼要做學問，
同時也相信自己一定會考上。

PROFILE

學部．學年 工學部電子情報科3年級，重考一年。	
居住風格 一個人住在東京都板橋區。公寓套房附廚房，租金74000日圓。	
參加社團 FGA（FOLK GUITAR ASSOCIATION，民謠吉他協會）	
家人 父（積體電路公司職員） 母（家庭主婦）	出生地 熊本縣熊本市
畢業高中 熊本縣立熊本高中	血型 O型
工讀狀況 個別指導講師，80分鐘3200日圓。居酒屋，時薪1050日圓。	
興趣 玩樂器及與研究電子相關事物（如：製作音響效果器）	
喜歡住處的優點？ 房間寬敞，廚房很大，安靜。	
畢業後打算朝哪方面發展？ 想從事核融合等，與能源相關的研究工作。	

※日本大學考試在每年的一～二月。

擅長製作電子電器，又會做菜，受到朋友的一致好評

參加輕音樂社團，還要打兩個工，他的大學生活非常忙碌。即便如此，依然不減他對音效器的興趣，經常忍不住自己動手做。

抽屜裡塞滿各式各樣的機械小零件，據說是用來製作音響的什麼用的（其實我沒聽懂）。

書架上塞滿大量的影印資料，想不到讀理科也會有這麼多文件資料，約有1/3的藏書都是漫畫。

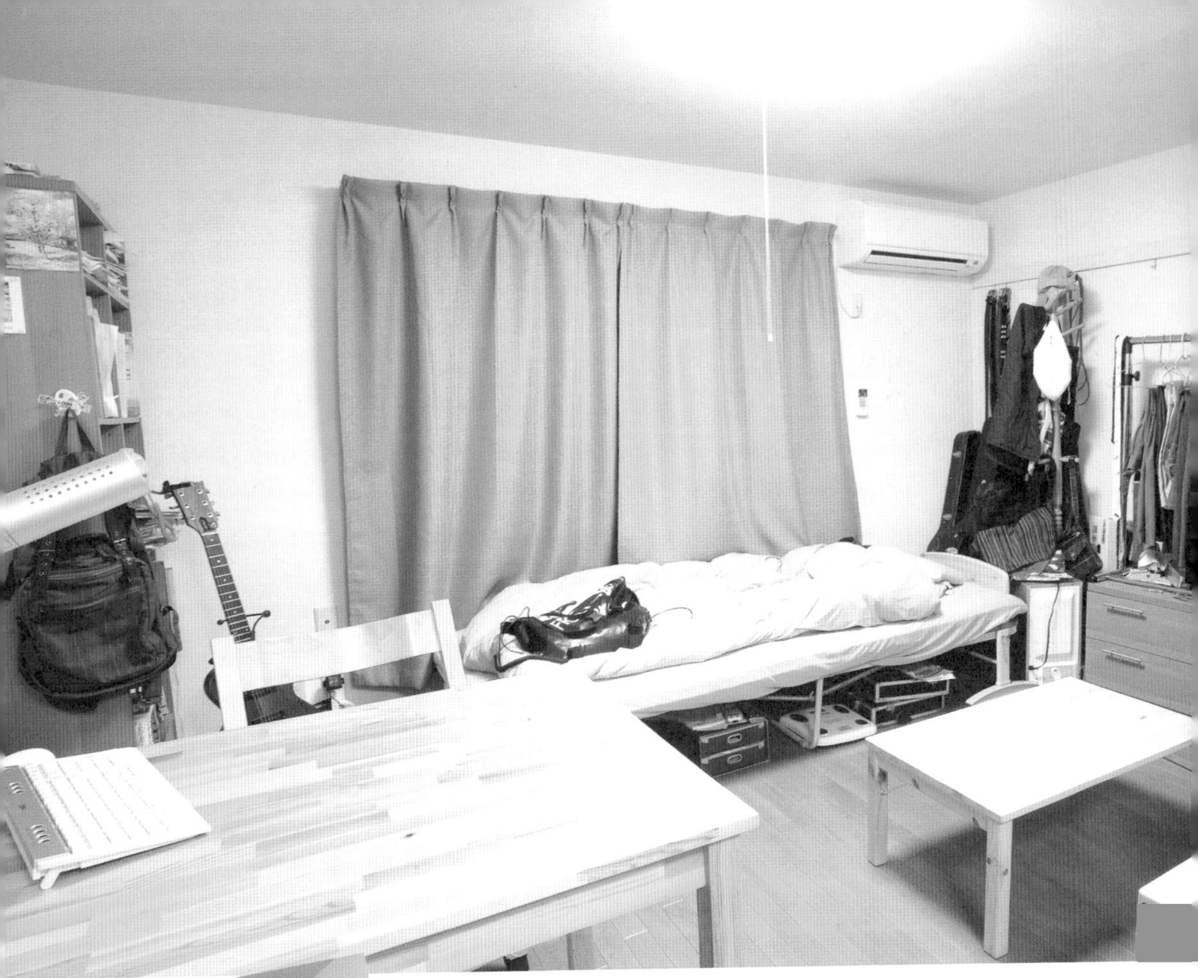

岡同學的一些男性朋友則告訴我：「他做的橘子塔超級美味喔！」

「喜歡自己動手做東西，手藝又很好的理科男生」這種故事雖然好像曾在哪本書裡看過，但就一個理科男生來說，這樣的生活也未免太夢幻了吧。談到性格，他自我分析說：「我的意志力很強，這一點既是優點也是缺點。」他的身段及說話的語調看起來雖然很溫和，但骨子裡卻很強悍。當他提到準備考試時的點點滴滴，我們可以感受到他精神上的獨立性。

熊本縣立高中畢業，不知道他是何時開始準備考試呢？

「高三那年4月左右，我心裡開始有想要準備考試的念頭，但身體卻不聽使喚，一直跑去參加空手道社的活動。而且11月學校體育祭時，我還是啦啦隊，心力都放在這些

興趣是彈吉他，在吉他社中很活躍。拜託他拿房裡的吉他彈一曲來聽聽時，他彈得超害羞的。他經常戴耳機彈吉他，除了練習，還有轉換心情的效果。

事上。」

真正開始投入考試的準備，應該是體育祭結束後的11月。離大學考試只剩兩個月，成績表現如何呢？

「快考試才臨時抱佛腳，怎麼來得及嘛（笑）。我參加東大模擬考時最好的成績是B。全校讀理科的學生有二〇〇位，我的成績大概是第20名左右。」

岡同學就讀的高中，連重考生在內，每年考上東大的學生人數大概只有20人左右。所以即使他的成績位居全校第20名，想考上東大還是得加把勁。

「我國中的成績還不錯，大約是我們那個年級的前20名，不過高一、高二的成績卻一落千丈，名次可能從後面數過來還比較快（笑）。升上高三，成績稍有進步一點，但不知為何產生沒來由的自信，覺得自己應該會考上。不過，現在回過頭來看，當初自己只不過是為了逃避不安，而刻意不去看清事實罷了。直到重考，才因成績進步，而由原本無憑無據的自信，轉變為確信自己一定能考上。」

應屆那年是不是比較沒時間念書呢？

「也不會啊，我最近發現時間其實是自己找出來的。只要有心想做一件事，必定能挪出時間去做。」

他自覺應屆那年真的不是很用功。

自己做的音效器，讓他一臉得意。彈吉他時，腳踩著效果器，吉他音質就會產生7種變化。請他彈來聽聽，沒想到聲音真的變得很豐富，真有趣！

採訪當天，他上學用的包包中有課本、筆記本、兩種方格紙及鉛筆盒等物品，手機則塞在口袋裡，非常清爽！

不思考就無法理解的問題，一旦因思考而理解，就會覺得很有趣

他說，自己從小就很容易一頭栽進自己喜歡的事物。由於喜歡數學、物理，因此自然而然能夠集中精神念書；相反地，應屆畢業那年，比較弱的英文、國語等科，則是能閃就閃。

針對這點，他想到一個方法來克服，那就是「將自己不擅長的科目，穿插在擅長的科目之間來唸書，如此一來，不擅長的科目也至少能有基本的讀書時數」。就算只是隨便應付，還是有一定的效果存在。這個方法對於考生念書以及社

「筆……筆……筆記本很亂啦！」他抵抗著，但還是讓我看到了東京大學電子科上課的筆記。

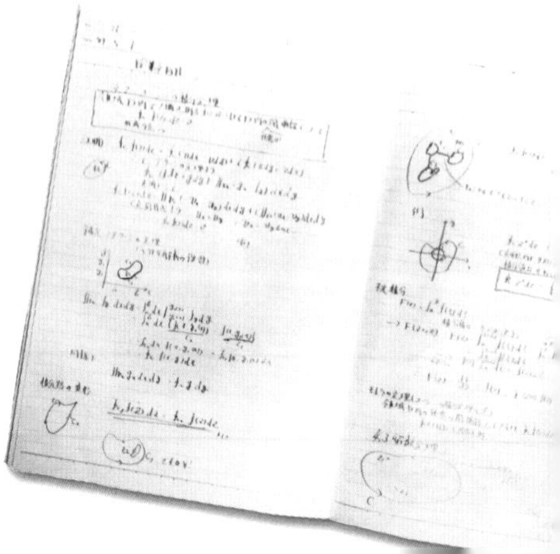

會人士的工作，都頗有幫助。
父母對他採取放任政策。媽媽得知他考上時，還驚訝地說：「你考上了耶！看不出來喔。」
對自己影響最大的是補習班的一位數學老師。
「雖然他只是個糟老頭，不過全補習班就屬他最兇，所以沒人敢翹他的課。他除了教我們做學問應該如何思考，也會告訴我們什麼是邏輯，讓原本封閉的補習班生活變得多采多姿。」
拜這位老師所賜，他了解到「我們要對自己的成績負責，成績無法進步都是自己造成的。問題答錯時，除了虛心接受錯誤，更要把它當作是知道自己有哪些地方不足的大好機會。」
「過去我很不喜歡大學考試，因為它的重點是在不犯錯，就像在比賽誰比較能維持平常心，或誰犯的錯比較少。不過，等我考完東大考試，突然覺得很開心，因為透過這個考試讓我了解到，有些事情你不去思考就無法理解，但一旦思考過，就會豁然開朗。」
這樣的他，居然連大學學費都自己繳，真是個不可多得的好男生啊！

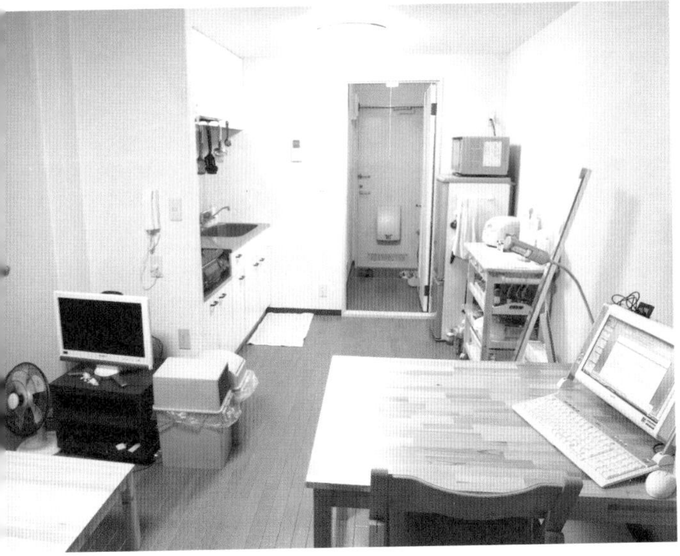

房間約十塊塌塌米大，放得下餐桌與矮桌，可見有多寬敞。喜歡木質家具。以男孩子的房間來說算是整潔，不覺得做家事是件苦差事。

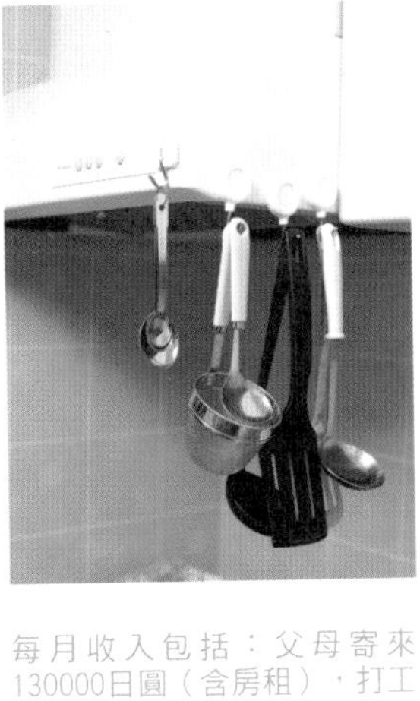

每月收入包括：父母寄來130000日圓（含房租），打工收入80000日圓。酒都買回家喝，1次大概花1000日圓。在受訪學生中，冰箱內的食物就屬他最豐富。他會到超市找便宜的東西。廚房打掃得很乾淨，東西更是收得整整齊齊。喜歡做菜的人，廚房應該就是這副模樣吧！櫃子裡井然有序地擺放著各種調味料。

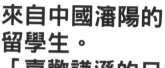

03 來自中國瀋陽的留學生。「喜歡謙遜的日本文化」國際型才女的房間

李 琳

東大、京大及名古屋大學三間名校完全上榜。「因為東京是日本的首都，所以決定念東大～」她開朗地笑著說。給人的感覺是非～常～優秀的女孩子。「人生就從整頓周圍環境做起！」將大學生活當作人生計畫中一環的女孩。

PROFILE

學部・學年
工學部電子情報科3年級，應屆上榜。

居住風格
一個人住在葛飾區，大樓套房附廚房，租金56000日圓。

參加社團
未參加社團。

家人	出生地
父（大學教授） 母（助理教授）	中國遼寧省瀋陽市
畢業高中	**血型**
東北育才學校（瀋陽市）	B型

工讀狀況
會議室出租公司總機，時薪900日圓＋全勤未遲到早退獎金1次500日圓。

興趣
畫畫。

喜歡住處的優點？
陽光充足、通風良好。

畢業後打算朝哪方面發展？
希望上研究所後，能到日本電機製造產業當研究員。

有6位高中同學一起在東京大學留學，身邊有朋友，生活並無大礙

李同學高中讀的是中國當地非常有名的國高中一貫校，讓我們來聽聽她是怎麼考上東大的。

「我所就讀的學校會幫我們上日文課，所以我從國中就開始學日文和英文。學校也有相當多學長姐都到日本留學，因此，同學

輕輕鬆鬆就能閱讀並理解專業的日文理科書籍。「這是一定要的囉～」每天都會花2、3小時在學校圖書館或自家念書，幾乎不看漫畫。

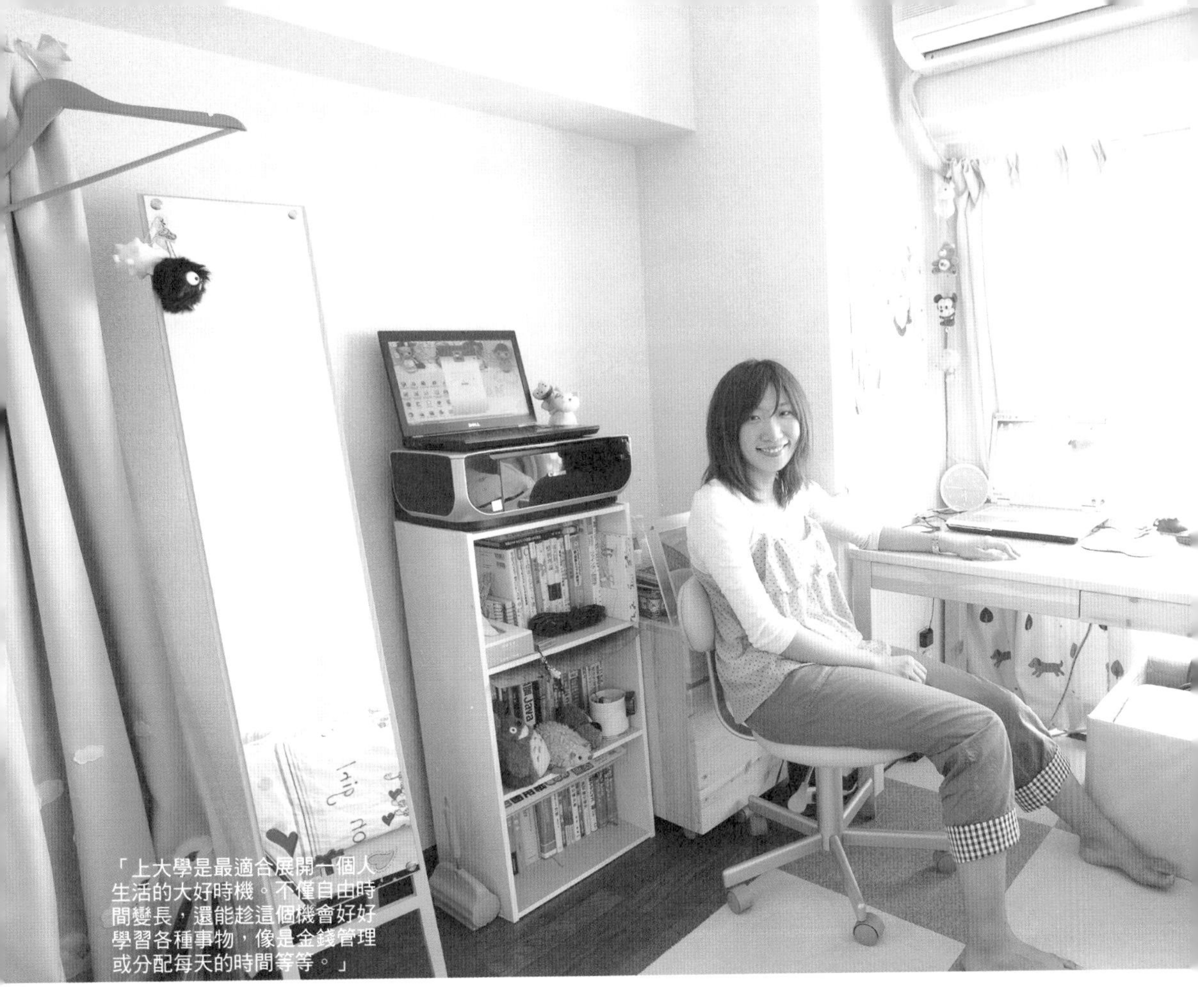

「上大學是最適合展開一個人生活的大好時機。不僅自由時間變長，還能趁這個機會好好學習各種事物，像是金錢管理或分配每天的時間等等。」

間流傳『只要能擠進班上前10名，就能考得上東京大學。』而我的在校成績，大概都維持在第5名左右。」她以流利的日文說。

而且，她高三的同班同學中，就有6個人在東大留學。

「看了看世界各地的大學以後，我發現日本不僅離中國近，以文化與治安來說，也是日本最理想。

念國中時，教我們日文與日本文化的老師是日本人，那時我便覺得日本比美國好。因為日本人在很多事情方面，都比其他國家來得謙遜有禮，不會得理不饒人。這是在美國或中國都很難看到，也是我最喜歡的。」

由於她喜歡日本，於是便以考上日本的大學為目標。

家具儘量擺到牆邊，小雜物則收到收納箱中，如此可以增加活動空間。她也很喜歡擺些小雜貨。

「東大、京大、名大，我全部考上了！」她乾脆地說

父母在中國的大學擔任工學相關科系教授及助理教授，受他們影響，她也以考上工學部電子相關科系為目標。

留學生可同時報考多所國立大學，因此，她除了考上東大，京大及名古屋大學也都金榜題名。

「東大的入學考試包括文件審查、小論文※與面試。小論文的考試時間為2小時30分鐘，題目有兩題，每一題約一四〇〇字。題目讓我想一下喔，有點忘記了耶（笑），好像跟國際關係與技術人員有關……。」

※指論述類的題目，類似台灣的作文題，考生必須依據題目闡述自己的意見，但字數從二、三〇〇字起，到一五〇〇字左右，故稱為「小論文」。

桌面乾淨清爽，但她說：「桌面整理得太過乾淨，反而不容易定下心來念書。因此，我認為書桌的整潔程度，應該跟頭腦的好壞沒有太大的關係！」

訪談越深入，越覺得這個考試對她來說，根本是小兒科，不知她當初到底花了多少時間準備？又是如何準備的呢？

「國三下學期開始，學校就強迫全部學生都要住宿。高中時，我每個禮拜只能回家一次，其他時間通通都待在學校。學校幫所有學生訂好讀書計畫，學生完全沒有自由時間。白天上完課，晚上6點到9點是自習時間，完全沒有社團活動。下課後就要開始念書（笑）。」

中國的升學高中與日本的升學高中、補習班相同，每個星期都會進行90分鐘的科目考試，並公佈成績，但校規卻明顯比日本嚴格許多。

「除了夏天，我們通通不能穿裙子，不准留長頭髮，不可在走廊上聊天，當然也不允許男女交往。我們學校就曾有一對情侶因逃學而慘遭退學處分。大家沒有其他事情做，自然只能念書。」

念東大的優點就是可以認識很多優秀的人

東大的哪一點讓妳慶幸自己選對了學校？

「對我來說，東大最大的魅力在於，這裡聚集了許多優秀的人才，很多人都很有宏觀見解，這是過去我未曾見過的。如果讀中國當地的

「東大的考試中，有些考試允許考生可以攜帶不超過兩頁的筆記進考場，這就是我帶進考場的筆記。」寫得密密麻麻的。

大學，就無法認識這樣的人。看到這些優秀的人，自己的鬥志也會跟著提高，讓我忍不住會鼓勵自己要更加把勁。當然，也有一些只會死讀書的人啦，這些人我就會把他們拿來當借鏡（笑）！」

在打工時遇到的人，若是發現她是東京大學的學生，就會稱讚她：「妳好厲害喔！」相對地，對她的要求自然會比較高，所以「必須更努力，才不會讓東大的金字招牌蒙羞。」嗯，這句話不正是東大生最好的寫照嗎？

請給日本的考生們一些建議吧！

「就我個人來說，因為我未來的目標是希望能成為電子工學研究員，所以考大學時我便會由這個點往前推，來決定自己該讀什麼大學或科系。考上東大後，最重要的是必須知道，自己進這所大學想要學什麼，將來又該怎麼做。只要心裡有目標，讀起書來注意力自然就會集中。」她再次給我一個乾淨俐落的答案。

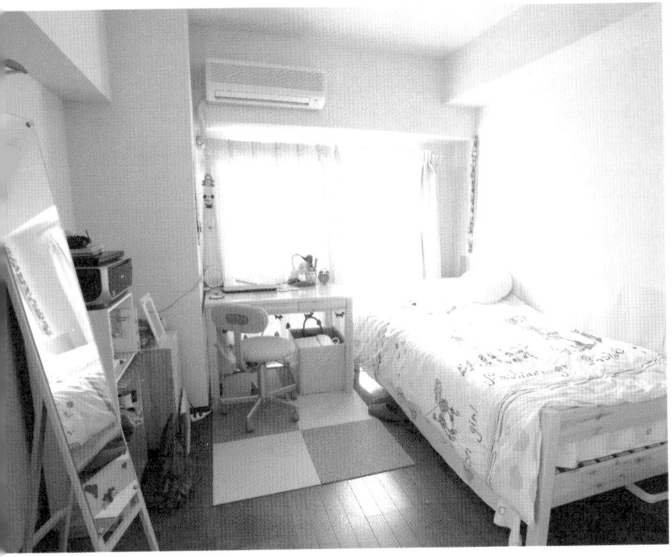

一個人住，最重要的家具「第一是窗簾，然後是床與書桌。」為了打造寬敞的空間，也為了節省空間，所以房間裡不放電視，用電腦來收看節目。

「生活費60000日圓＋房租＋治裝費」由父母匯過來。每周下廚3、4次。廚房使用頻率高，東西整理得有條不紊。適度放上一些小擺飾，空間與物品數量調配恰當。連浴廁也不放過。是不是只有今天特別乾淨呢？「才不是呢！我的浴室永遠都是這樣。我每周都會打掃1、2次。一個人住，打掃也變成一件有趣的事！」

6塊榻榻米大的房間＋3塊榻榻米大的廚房。「家教學生會到這裡來上課，所以每周至少會打掃1次。」商務型的桌椅，看起來酷斃了！

04

想要應屆上榜，就要「開心參加高中活動」。只在高一、高二念書的土佐男孩的房間

結城優

高知縣知名學府・土佐高中的老師要學生「跟其他學校考生不一樣，別等到高三才準備考試，而要逆向操作，把火力放在高一、高二。」遵守老師熱血而獨特的戰略，順利通過東京大學文科一類考試，他的致勝秘訣何在呢？

PROFILE

學部・學年
教養學部文科一類2年級，應屆上榜。

居住風格
一個人住在杉並區，個人套房附廚房，租金75000日圓。

參加社團
未參加社團。

家人
父（社會保險專業代理人）
母（家庭主婦），有兩個哥哥

出生地
高知縣高知市

畢業高中
土佐高中（高知縣高知市）

血型
B型

工讀狀況
家庭教師，時薪2000～2500日圓。

興趣
讀書、漫畫、看電視、運動。

喜歡住處的優點？
交通方便，走路到車站只要2分鐘。

畢業後打算朝哪方面發展？
正在考慮要朝司法界發展或當行政官，希望對故鄉當地的發展有所貢獻。

高一秋季～高二都很用功，成績突飛猛進

第一眼看到這個男生，覺得他的笑容很可愛，一臉稚氣未脫的模樣，讓人不禁懷疑他是個高中生。據說，他去居酒屋時，還曾被店員要求出示身分證。

就讀土佐國中。之所以考上土佐高中，是因為爸爸很喜歡這所學校。「當初朋友全都去讀其他高中，所以我

「下定決心要買1本4000日圓的書，還一次買4本（1套），真的需要很大的勇氣。我心想，反正自己除了買書，也沒什麼其他花費，於是就狠狠地買下去！」

還一度懷疑自己的選擇，只能抱著姑且一試的心情硬著頭皮讀下去。現在，我卻很慶幸自己當時選擇了土佐高中！」他認為是土佐高中才讓他考上東大。

他的高中模擬考成績，都維持在全高知縣前5名，合格判定的級數很前面，所以他說：

「當時我認為自己的成績很好，就算考試當天感冒，我也考得上。」真想知道他自信的來源在何處，我想好好向他請教。

在本書受訪的學生中，他算是最早進入考試戰備狀態的人。

「我真正開始準備考試，是在高一秋天到高二學期結束這段時間，當時因為模擬考考得不錯，因此對念書產生興趣。」

他在高二的秋季全國模擬考中，得到全國第4名，也是全校第1名。

「正在思考未來要當行政官，還是朝司法界發展。好想到外交部去實習喔！」小四到功文補習時，他就開始念國三的教材。

「高一、高二大家幾乎都沒在念書，所以我才稍微用功一下，成績就進步了，當時的成績簡直可用突飛猛進來形容。逆向操作的戰略果然很成功。不過，相對來說，高三成績就退步了（笑）。」

大家都知道，高一、高二如果能認真打好基礎，升上高三，理解力就會完全不同，但是高一、高二的時候，大家普遍都在忙社團的事，吃喝玩樂，很少有人能將心思放在書本上。他真的太用功了！不知道

成績好的人，桌面真的比較整潔嗎？「我覺得那是騙人的，桌面再髒、再亂，只要桌子的主人自己知道要的東西擺在什麼地方，就能考出好成績。」

他念書的動力從何而來？有去補習班補習或請家教嗎？

「上國中起，我便開始到附近的補習班上課，一直上到高二秋季那年，才轉而參加Z會※的函授課程。不過，對我的成績影響最大的，其實不是補習，而是土佐高中的世界史老師。」

※指「增進會出版社」，是以函授教材為主的出版社，對象包括幼兒、國小、國中、高中生及社會人士。

收到東大畢業的世界史老師寫給我的信，讓我火力全開

這位老師是東大校友，「當初本來想念文科一類，卻因成績不夠而只能念文科三類」，他很看好結城同學，經常反覆閱卷，找出結城的問題。有一天上課時，他突然遞了封親筆信給結城，信中熱血地寫著：「過去，我渴望進文科一類卻未能如願，我相信你絕對能考得上。現在你只缺一樣東西，那就是『盡全力！』想要考上就得全力以赴。」

受到老師如此厚愛，他念起書來更加起勁，同時也拼命讀世界史，成績果然名列前茅。不過，

「可能是拚過頭了，才一個月能量就耗盡。老師注意到我後繼無力，便來關心我，了解狀況。他篤定地告訴我『你沒問題的』，認為我絕對會考上。」

寬敞的廚房打掃得乾乾淨淨，經常開伙，但多半會到超市去買現成熟食回來吃。

應屆上榜的秘訣在於充分享受高中生活

高三那年的夏天，已經拚到彈性疲乏，而其他人才正要開始衝刺，所以當時成績明顯退步。到了秋天，他陷入低潮期。後來怎麼突破的呢？

「依照土佐高中慣例，每年秋

天都會舉辦體育祭，因為念不下書，我就將心力轉到這個活動上面。體育祭進行的那幾個禮拜，我幾乎都沒在看書，有一天，我突然出現了想要念書的感覺，於是我告訴自己，等體育祭結束後就開始衝刺。」

東大的入學考試，他低空飛過。

「平常嚴厲的父親，聽到我考上的消息，突然哭了起來，這是我第一次看見父親落淚，我嚇了一大跳，忍不住也跟著哭了起來。」他笑著說。

他說：「我的實力測驗成績明顯比定期測驗高出許多」，剛好跟一般學生相反。看來高一、高二拼命打下的基礎，真的讓他培養出真正的實力。

「要我給考生建議嗎？好，如果只能講幾句話，我會希望大家要多享受高中生活，因為我知道，許多完全不參與學校活動的人，其實考試成績都不理想；生活多采多姿，才會讓你更有動力想念書！」他靦腆地笑著說。

每月收入包括：打工40000日圓，家裡寄來60000日圓（不含房租）。「衣服會等回家時，再讓爸爸媽媽買給我，所以每月的零用錢都會剩下！」

「最近剛跟女友分手，心情很低落。低潮時我會喝酒解悶，不過問題不會因此解決啦（笑）。」喜歡燒酎、梅酒及這瓶生日時朋友送的土佐鶴銘酒。

05

白色的房間、金髮、大阪腔，興趣多元，參加多個社團，個性踏實。盡情享受東大生活的男生房間。

鎌中 俊充

他是傳聞東大社團中
「喝得最兇」、俊男美女最多的
雪地滑板社中的靈魂人物。
住在乾淨的大樓公寓，
認為生活簡單就是享受。

PROFILE

學部．學年
教養學部理科二類2年級，重考一年。

居住風格
一個人住在世田谷區，大樓公寓套房附廚房，租金＋管理費90000日圓。

參加社團
陽光之友網球社（TENNIS SUN FRIEND）、雪地滑板同好社（SNOW BOAD· SNOW BOADER）、理工學部部友會的硬式棒球社

家人	出生地
父（自營機械公司） 母（家庭主婦）、妹（大二）	大阪府東大阪市
畢業高中	**血型**
灘高中（兵庫縣神戶市）	B型

工讀狀況
模擬考計分員，時薪1000～1200日圓。

興趣
射飛鏢，最愛酒吧中的大人成熟氛圍。

喜歡住處的優點？
離學校很近，靠近下北澤。

畢業後打算朝哪方面發展？
大三想進建築學科，以後希望能當建築師。

來自灘高中的金髮東大生，我看到你啦——

外表看起來很FUNKY的鎌中同學，讓人好想把他介紹給其他朋友認識。

畢竟，掃過整個校園，要找到像他這樣滿頭金髮的人，還真的有點難呢！

他所參加的社團數目，是受訪學生中的前三名。

希望明年能進建築學科。目前讀書時間多長？「有課題需要研究時，大約會讀1、2小時左右，多半在圖書館或麥當勞念書。」在家從來不念書。

「一個人住最大的好處，就是生活與精神上都比較自由。」這樣有讓你更成熟嗎？「應該有吧！一個人住以後，我更懂得感謝父母對我們的付出。」

「大學迎新時，一個滿是外型突出人物的社團，突然跑來邀我參加他們的社團，還跟我說『小子，遠遠就看到你，你很醒目喔！』我原本就是個恨不得大家都注意到自己的愛現鬼，於是就加入這個社團啦（笑）。因此我才知道，原來社團挑社員都是看外表的。」

操著一口濃濃的大阪腔，不知房間風格為何會跟他如此速配。

推開玄關的門，立刻映入眼簾的是滑雪板，房間內擺著棒球手套與Nikon單眼相機。好個興趣多元的男生房間啊！相信不管是考生或社會人士，看到這種風格的東大生房間，應該都會很羨慕吧！

這種人應該很愛玩吧？不會喔！跟他聊過天，你就會發現他的個性其實還蠻踏實的。

愛拍照。他喜歡Nikon相機。雖然很謙虛表示「自己不是很會拍」，但看得出來他很愛惜相機等物品。紅色球鞋造型的鉛筆盒很搶眼！

「問我怎麼準備考試嗎？告訴你，我的成績是被一起念書的同學給帶上來的。」

請問你念灘高中時，是怎麼準備考試的呢？

「我們學校跟其他升學高中不同，最大的特色就是學風非常自由，對學生完全放任，所以我當時要不是在玩，就是去打棒球。不過，升上高三，看見周圍的人都開始用功，於是我在不知不覺中也受到影響。」

他告訴我，因為灘高中有一種風氣，「如果你在高二之前都只會唸書，大家都會覺得你是書呆子。」

不管是採光用的窗邊或桌上，都很有品味地擺上卡片與各種小雜貨作為布置。感覺好像有女生住在這裡喔？「想太多～沒有啦！」

把這句話照單全收，他因此認真玩了兩年。

準備考試時，「一天平均讀8小時的書，而且集中精神在讀。」他淡然地說。在這種十萬火急的時刻，他都用什麼方法讓自己集中注意力呢？

「這個嘛，我只能說周圍的人對我影響很大。由於學校環境，我的朋友都立志考上東大，所以我也跟著大家一起努力念書。」另外，他也建議大家「可以找個跟自己一起讀書的朋友。」

他強調：「我跟室友會相互約定，一個月內要把某個科目念完，或一個禮拜內單字要背到哪裡為止等等，因此，念起書來注意力特別容易集中。多虧有這些朋友，我才能考上！」另外，他也說：「我們高中的學生都不會浪費時間，大家做事都很有效率，講起話來也都很投機。」

看著落榜的成績單，突然產生自信。讓成績進步的方式，就是要樂在讀書！

高三夏天，我在學校的偏差值※大概是50左右，一般的模擬考在60左右，合格判定指數為A～D中的C。即使成績不理想，模擬考考完，老師在跟我進行升學諮詢時，卻還是告訴我：「照你這樣的實力，考東大沒問題。」

※「偏差值」是日本對於學生智能、學力的計算公式值，如果偏差值大於50，屬於好成績，有機會考上好大學。

話雖如此，應屆畢業那年，他還是落榜了。

沒想到他的字跡這麼秀氣。施德樓（STAEDTLER）繪圖用0.3m自動鉛筆，是他從高中起就愛不釋手的文具。

「剛畢業那年，我帶著不安與事不關己的心態去應考。不過，申請成績複查後發現，沒想到我的成績居然比想像還高出許多，我想，『怎麼會有這種事？原來我這麼厲害喔！』從此變得很有自信（笑）。因此，相較第一年準備考試，我在重考時心情明顯輕鬆許多。」

這個經驗或許能帶給全國重考的考生無限的鼓舞，不幸落榜的考生們，請記得去申請成績複查喔！

「我老媽從小學就經常訓誡我：『人要有遠大的志向』，因為這樣，我進入了灘高中就讀，還像趕鴨子上架般，以考上東大為目標。我老爸則自始至終覺得『不管怎樣都好，這種事不是那麼重要。』」

請給考生一些建議。

「一個人如果能達到樂在讀書的境界，那真的很厲害，在這個境界來臨之前，請大家務必要忍耐。只要大家能全力衝刺，度過最難熬的那段，慢慢地就會漸入佳境。相信我，忍耐之後，一定能嘗到甜蜜的果實。希望大家不要自我放棄，一定要努力，要對自己更有自信。」

外表鬆散、內在踏實，他所說的這番話，不僅洋溢自信，也非常具有說服力！

每月收入包括：每兩個禮拜父母會給一次生活費3～40000日圓＋父母匯來的房租，還有打工收入30000日圓。對房間的堅持是「一切從簡，多餘的東西全部丟掉」。

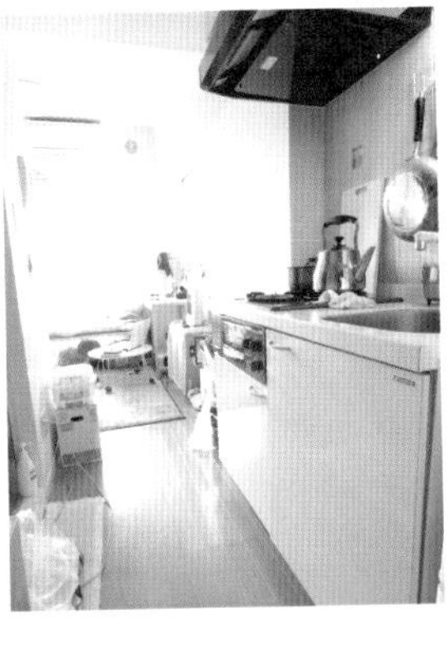

廚房裡塞滿許多裝礦泉水及果汁等瓶裝水紙箱，怎麼會有這麼多呢？「我老媽希望我要多喝水，所以都會定期寄過來。她說人只要記得喝水，就死不了（笑）。」原來是關懷子女健康的母愛紙箱啊！如果零用錢不夠花，他就會自己煮飯。最大的重點「就是記得要煮白飯！」採訪前一天，朋友來家裡辦章魚燒趴用完的鐵板，還原封不動地擺在一旁。

06

「雖然重考，我依然決定要相信自己。」現在著迷於人力飛機，個性好強的女生房間

遠藤 友里惠

看著哥哥順利應屆上榜東大，
因此她也覺得「念東大應該不錯」。
沒來由地自信，認為自己能考上，
卻因物理在入學考試時只考9分而瓦解。
於是下定決心要重考。

書籍以漫畫居多，以前每天花「6小時左右」的時間準備考試，現在「除了坐著聽老師講課，完全不念書（笑）」

落榜時不甘心地哭了 重新出發時，則喜極而泣

她看著畢業於縣立高中，在家幾乎不念書的哥哥，完全不用煩惱考試，便應屆順利考上東大理科。

「哥哥比我大5歲，我念高中時，他已經是東大理學部物理學科的學生，我很自以為是，覺得自己應該和哥哥一樣，不費吹灰之力就能考上東大。即使當時我在模擬考合格判定級數只得到C（笑）。因此，落榜時我傷心的哭了，我恨自己的不爭氣。」

東大考試本來就是一試定江山，沒考上自然得重考，明年再來。應屆畢業時的自信，到了重考時還在

PROFILE

學部・學年	
工學部都市工學科3年級，重考一年。	
居住風格	
一個人住在台東區，大樓公寓套房附廚房，租金65000日圓。	
參加社團	
東京大學F-tec社（學習製作人力飛機的社團）	
家人	出生地
父（纖維製造公司職員）、母（家庭主婦）、兄（電子公司職員）	靜岡縣裾野市
畢業高中	血型
靜岡縣立沼津東高中（沼津市）	A型
工讀狀況	
在駿台補習班做個別輔導老師，時薪2700日圓。	
興趣	
騎輕型摩托車。	
喜歡住處的優點？	
便宜，浴室寬敞。	
畢業後打算朝哪方面發展？	
還不知該做什麼才好。	

「就算不認真去學校上課，只要有朋友幫忙提供上課筆記和考試資訊，事前準備一下，考試就能順利過關。」

「只有睡覺時才會回家」，所以她的房間完全沒有生活的痕跡，感覺比較像玩偶的家而不是她的家。房子外觀看來老舊，進入後則發現內部裝潢乾淨新穎，讓人有些驚訝。

嗎？

「我並沒有因此受挫，不過，因為不知道接下來該怎麼辦，所以決定申請成績複查，沒想到物理總分60分，我居然只得到9分。成績這麼爛，難怪會落榜（笑），我才開始接受落榜的事實，也因此明白自己接下來要做的，就是努力提升物理的成績。」

於是，她決定從靜岡每天花2個半小時的時間，來回通車到橫濱的河合塾升學補習班上課。交通費雖然驚人，但「比起住進補習班的宿舍，這麼做要讓我安心多了，而且通車時也能念書。」

話雖如此，精神壓力還是很大。

「我有時偶而也會閃過負面的想法，擔心萬一這次又沒考上該怎麼辦，但這種不安並沒有困擾我太久。」

只拿來煮開水的廚房，冰箱空空如也，所以「即使不打掃，看起來也很乾淨。」

好想知道她是用什麼方法來控制自己，讓自己不受不安的情緒所擺佈。她斬釘截鐵地回答說：

「我不斷地告訴自己，『我認為妳絕對不會落榜』，我也堅定地鼓勵自己，『要相信自己的能力』。雖然我就是因為對自己太過自信，應屆畢業那年才落榜（笑）。能真正相信自己的人，也只有自己，所以想要消除面對未來的不安，也只能靠自己。」

兄妹倆人都考上東大，讓人不禁好奇他們雙親的學歷及家庭環境。

「我們的父母都只有高中畢業，他們不會成天逼我們念書，只會叫我們『早點去睡覺』。你問我，這跟遺傳有關嗎？我認為跟先天的遺傳無關，但跟環境有關。」妳覺得，你們兄妹倆人先後考上東大，最主要的家庭因素是什麼呢？

「嗯……這個嘛，我覺得應該是因為我爸媽都不會命令我們去念書吧！」

除了她以外，其他考上東大、京大的受訪者，也都說「父母對於他們的考試，並沒有什麼特別要求」。這點或許可以供家有考生的家長們參考。

為了參加社團活動 一天有一半的時間都待在學校

「我到學校不是去上課，而是一直待在社團裡做人力飛機，三餐幾乎都是在學校的學生食堂解決。」她開心地說。社團的社員約有30人，女生只有3人。

「我平日在學校做人力飛機，假日則會坐車將人力飛機運到位於

大學社團的倉庫裡有人力飛機機翼。「今年因經濟不景氣，取消了琵琶湖的全國大會。」她一臉遺憾地說。

靜岡縣富士川的飛行場去做飛行測試。每天都忙著畫圖、組裝模型和製作零件。」

為何獨鍾人力飛機呢？

「之前看到電視節目在介紹，覺得很有趣。我之所以不參加網球社等大學熱門社團，是因為本來就很喜歡自己動手做東西，我很享受自己費盡千辛萬苦，最後看到做出成品時的那份感動，它會深深地留在記憶裡，絕不是瞬間的喜悅所能比擬的。」

談到畢業後的事，她坦言自己「完全沒有打算。」在這次的受訪者中，只有她對自己的未來沒有展望，但她給人的感覺卻很有自信。

高中生很想知道大學生「對未來的夢想是什麼？」對於這個問題，她的答案是，「開開心心地活著。」我繼續追問，「妳會用什麼方法來達到這個目標或夢想呢？」她笑著回答說，「開心度過每一天。」

無論我們問她什麼問題，她的人生似乎都是以「過得開心」為答案。

每月收入包括：父母匯來60000日圓（不含房租）＋打工收入70000日圓。「打工和社團已經讓我焦頭爛額，根本沒時間花錢。」

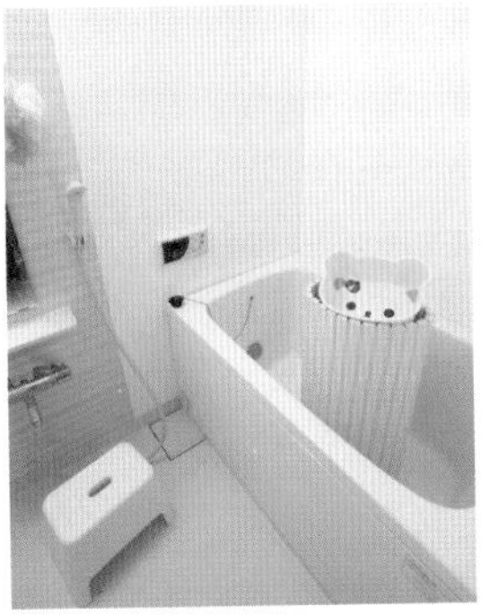

「房間主要是拿來睡覺跟洗澡用的」，所以她當初看到寬敞的浴室，就決定租下。

廁所跟浴室分開，還有一個女生喜歡的洗臉台。

這個人很怪，不管在家或出門，通通穿著甚平。受訪學生中，只有他的房間沒電視。他的理由是「心情不好的話就早點睡，隔天早上起床又是一尾活龍！」

07

只看好笑的書，沒在念書，穿著甚平※去上學的有趣傢伙的房間

澤村 佳之

問他有沒有每天洗澡，他的回答是：「抱歉！沒有。」
用詞遣字與生活習慣通通不修邊幅，
一看就知道個性一定很調皮。
高中時是學生會會長，考上東大後則成為社團團長。
怪怪理科男子的生活就是這個樣子。

※一種日本傳統服裝，日本男性或孩童常當作夏天的家居服或睡衣。

PROFILE

學部．學年	理學部生物化學科3年級，應屆上榜。
居住風格	一個人住在文京區，大樓套房附衛浴，租金90000日圓。
參加社團	千百樂運動社※
家人	父（銀行行員），兄（公司職員）
出生地	奈良縣奈良市
畢業高中	大阪星光學院（大阪市天王寺區）
血型	A型
工讀狀況	目前沒有打工。
興趣	打麻將及玩千百樂運動
喜歡住處的優點？	地點絕佳，離學校及車站都很近。
畢業後打算朝哪方面發展？	繼續念研究所，畢業後從事研究工作

※千百樂運動（Sports Chanbara，簡稱Spochan）即「軟式劍道」，在日本風行30餘年的運動，老少咸宜。

這個滑稽逗趣的理科男孩，根本捨不得丟東西

介紹澤村同學給我認識的男同學告訴我，「他是個怪人。」第一次跟他在東大本鄉校區見面時，他上半身穿了一件胸前印著誇張胸肌線條的T恤，寫著「全裸有錯嗎？」，下半身套了一件紅色的摔角緊身三角褲，腳踩著木屐，就這樣出現在我眼前。

桌面整潔的人，成績真的會比較好嗎？他的回答是：「這只是誤傳，快快把它忘掉吧！」雖說每個人的想法不同，不過這個房間讓人看了還真的挺難過的。

夏天時，他還會穿著甚平去學校上課。原來那是因為以前在大阪念星光學院時，他跟其他同學曾把甚平當作樂團的制服，「穿得很習慣」所以一時改不過來，因此現在還是經常自然而然地穿出門。

他解釋，「這樣穿很涼快，朋友也都習慣了，有時穿普通衣服赴約，大家還會不高興地說『怎麼沒穿甚平。』」他真的很調皮又愛耍寶耶！

很好奇這種人的房間是什麼模樣？我帶著期待的心情前去採訪後，發現在所有受訪學生中，他住的地段是最高級的，租金也最高。順道一提，他的房間髒亂程度，也無人能出其右。

為了他的名譽著想，我要先跟各位強調，他的房間雖然很雜亂，但並沒有像電視節目中介紹的垃圾屋那麼誇張。他的房間原本是既乾淨又時尚的。雖然有人覺得，「自

書架上幾乎沒有書。一個月看幾本書呢？關於這個高中生想知道的問題，他回答：「如果大家以為東大生都一定會看書，那就大錯特錯囉！」

千百樂運動社獲獎無數，甚至還曾獲得世界第3名。不過，玩千百樂要戴安全帽、拿軟刀嗎？誓言「下次要拿下天下。」左為澤村同學，右為學弟。

己一個人住，就算沒有學會做家事，也能學會照顧自己」，但在我看來，以他房間髒亂的程度，可能直接找個喜歡照顧人的女生來整理會比較快。

別看他這樣，他在高中時不僅是學生會會長，東大模擬考的成績，還被評定為A呢！

選擇有勝算的東大。
在自己能力範圍內，所以確信能
考上

國中母親因病過世，當時他曾想過「未來要進醫學院當醫生」。不過，上高中以後，他卻發現「自己的個性根本不適合當醫生」，於是決定進大學以後，不要念醫學而要讀理科。

「剛開始我本來很想去念京大醫學部，不過考量自己的成績可能考不上，所以將目標改成自己絕對有把握考上的東大理學部。」他輕描淡寫地說。

頭腦的好壞，無法從一個人的外表或房間看出來。聰明如他，高三時也曾對未來充滿不安及迷惘。

「我曾有一段時間心情沮喪到晚上都睡不著，不知是考試壓力太大，還是年紀變大的緣故。」

真的嗎？我有沒有聽錯啊！那你的不安後來有消除嗎？

「上大學後約有兩個月的時間，比較不會覺得那麼不安，不過，我想那只是故意不去注意它而已，問題的根源應該還在。」他回答得很認真。

不知是不是過去在家裡太寡言，
進入大學後，活像隻脫韁野馬

大一時，他是千百樂運動社的社長，所以領導能力應該很棒囉！

「你錯了。我因為個性關係，所以常常會挺身而出為大家做事，所以很多人都誤認我一定很有勇氣、魄力，但其實我是個思前想後（反反覆覆）又優柔寡斷的人。」他越說越小聲。

他記得很清楚，當時在京都念洛南高中，比他大4歲的哥哥，曾建議他：「剛進升學高中時，大家成績都很棒，可是排名卻越來越往後退，這是因為你身邊的每個人都很優秀，所以得失心別太重。」事實證明確實如此，他也一直提醒自己這個道理。

床邊及牆上掛了5、6套甚平。一套約二〇〇〇日圓左右，所以「夏天幾乎不用花錢治裝」，這點也讓他很滿意。款式很花俏，但穿在他身上，倒不會讓人覺得很討厭。

他自稱在家裡非常沉默寡言，爸爸跟哥哥因此經常提醒他「有什麼事情想說就要說出來，別悶在心裡！」可見他在家裡有多麼安靜。

「他們一定不知道我現在是什麼德性（笑）。我覺得自己最幸運的一點就是，考大學時，家人都沒有干涉我什麼。」十分感謝家人的放任政策。

問他東大哪裡好，他回答，「什麼都很好啊，所以我不知道哪裡特別好。最特別的是，在這裡會讓人學會如何接納各種不同的人。」（要被別人接納的應該是你吧！）

「不過，考上東大有個缺點，就是它很容易讓人覺得考上後，自己的階段任務已經完成，而忘了要精益求精。」

探究人生的本質，不在乎虛名或頭銜。他真是一個外表奇特，骨子裡卻很踏實的「怪咖」。

右為廚房。他說，「你知道蛋放上一個月就會變輕嗎？」我看，這顆蛋應該不只放一個月了吧！每月收入包括：家裡匯來100000日圓＋房租。他很感謝家裡給了他很多零用錢，房租還另外付。對房間的要求是「不要太舒服。」「房間太舒服，會讓人自閉，不想出門。」他一臉認真地說。

環顧房間的每個角落，都可以看出他是個不懂得丟東西的人。左上是空箱，左下是奶奶寄來給他喝的漢方補給品空瓶，右下是其他種類的垃圾。「大家不也是累積一定量後才丟嗎？」不用分類卻硬要分類，而且一定要等到紙箱全裝滿了才丟，便是澤村同學獨到的整理術。

08

善於傾聽也樂於說明，立志當個能站在孩子立場回答問題的好老師好青年的房間

久保 祐介

立志畢業後要成為高中或補習班老師。
即使是「高中生所提出的幼稚問題」，
也能以謙虛、詳細
且淺顯易懂的方法來回答，
他會建議大家如何準備考試呢？

PROFILE

學部・學年
文學部言語文化學科3年級，重考一年。

居住風格
一個人住在豐島區，大樓公寓套房附衛浴，租金85000日圓。

參加社團
FGA（FOLK GUITAR ASSOCIATION，民謠吉他協會）

家人	出生地
父（系統工程師） 母（家庭主婦）	福岡縣福岡市
畢業高中	血型
福岡縣立筑紫丘高中（福岡市）	A型

工讀狀況
擔任模擬考的計分員，1張考卷100日圓，1次約300張，1年4次。

興趣
玩樂團，專長是打鼓、彈貝斯。

喜歡住處的優點？
離池袋車站很近，廚房有個雙口瓦斯爐。

畢業後打算朝哪方面發展？
希望能成為高中或補習班的國文老師。

目前在大學研習國文文法，溝通能力感覺很不錯

有一點我覺得非常不可思議，他本人應該也沒注意到，那就是，只要稍微跟他聊一聊，從他的言談中，就能想像出他的生活樣貌。這或許跟他的聲調、說話內容、表情及寫字方式等溝通技巧有關吧！

我們在「前言」中提過，此次受訪的大

書架上擺著作家重松清的文庫本。最近覺得比較有趣的是《刀》一書。「內容講的雖然是沉重的校園霸凌問題，不知為何一口氣就看完了。」

住在離池袋站出口走路只要2分鐘的大都市，大樓入口看起來十分豪華。雖然周圍全是賓館，但因坐北朝南，租金並不便宜。

學生，都必須回答「高中生最想知道的一〇〇個疑問」，而他的回答，應該會讓高中生們都覺得受益匪淺。

為什麼會這麼說呢？原因很多，第一是他在回答任何問題時，都會站在高中生的角度來想。

再者，他的情報豐富。針對每個問題，他不僅會舉出許多具體事例來證明，為了讓高中生真正了解，他會以簡單又風趣的方式來說明。不說教、沒負擔且非上對下的說話方式，相信會讓迷惘的考生們受益無窮。讓我不禁想起以前曾經風行一時的《生協的白石先生》（生協の白石さん）※一書，白石先生給大學生的建議。

※白石昌則是東京農工大學生協（校內福利社）的員工，主要工作是回答消費者問題、處理客訴，他無所不答，連學生提出的無厘頭問題，也能以詼諧

高中時期就組樂團並沉迷於音樂，在東大的社團裡擔任鼓手，也很喜歡貝斯。

幽默的筆調來回覆，因而紅及一時。

他之所以會立志當老師，或多或少受到家裡擔任老師的祖父母所影響。從念小學以來，他就一直希望自己未來能夠當老師。

就算是自己不擅長的科目，也要想辦法與基本知識結合

當初他會選擇念東大，是因東大有特殊的「進振」（分系）系統（見78頁），學生可等到大二的秋天，再決定自己想念的學部與學科。

「我覺得東大最棒的地方，就是學生可以先接受為期兩年的教養課程，再決定要念哪一個學部。」

重考一年，他考上東大的文科三類。

「高中畢業那年，我就知道自己考不上，因為高三那年9月，正值我們學校體育祭，而我又是人文字※隊長，所以暑假時我滿腦子只有活動，幾乎沒在念書（笑）。9月體育祭結束後，我才真正開始有想準備考試的念頭，模擬考得到的評定等級自然只有E（笑）。」

※一種集體排字活動，參與者分別利用帽子、紙板或色布等，排列出各種文字或圖案。

一般縣立高中多半到秋季就開始進入備戰狀態，你當時會不會覺得這樣要應屆考上很難呢？

「對我來說，秋天才開始準備是真的有點晚啦，所以我才會重考啊（笑），不過來得及準備的人也大有人在啊！觀察一下，你就會發現這些人轉換心態的速度很快。他們很容易認清自己是考生這個事實，所以能在秋天立即全心投入考試的準備。」

考試前的讀書計畫為何呢？

「進入了秋季，就要先準備大學一次考試，11月開始準備二次考試，到了1月又再回頭準備一次考試，一次考試準備完，再拼命準備二次考試。」

提昇考試成績的情報管道有哪些？是書、網路、補習班還是學校呢？

「是朋友。我會偷學成績比自己好的朋友的讀書方式（笑）。」

弱項科目的補強方式呢？

「我自己在這方面絲毫無戰

喜歡做菜，每周都會開伙三、四次。接受採訪時他正在煮咖哩。大一、大二時住的三鷹宿舍，只有一口瓦斯爐，讓他相當不滿意。「我很希望做菜時能同時煮味增湯，所以拜託父母讓我升大三時，能搬到配有雙口瓦斯爐的寬敞公寓。」與父母交涉後美夢成真。

每月收入包括：生活費100000日圓，家裡匯來房租＋每次約80000～100000日圓打工收入（每年四次）。他坦言自己不大會打掃，因此整個房間亂七八糟。「目前衣櫃正在換季，所以房間比平常更亂！」

略可言（笑），所以也不敢在這裡大放厥詞，我只知道，只要對弱項科目具備一定程度的知識，再想辦法把這些知識『串聯』起來，就會讓人覺得豁然開朗。所以說，重要的應該是去思考怎麼把自己知道的事情做連結！」

國高中的成績是否名列前茅？你是如何考上的呢？

「國中時成績名列前茅，上了高中，則被很多名列前茅的學生包圍。在文科裡，我的成績大概位居一五〇人中的第10至20名。重考後，雖曾在模擬考中獲得A或B，但考完二次考試，我心想，慘了！應該是考不上了。

放榜前的12天，你知道我都在做什麼嗎？每天我都在幫自己算分數（笑），想辦法讓自己成績高一點，雖然這麼做一點意義也沒有（笑）。所以考上時，與其說是高興，不如說是如釋重負了。

中心考試後，我突然幹勁全失，變得很焦躁。這時候我們只能讓自己焦躁到極點，如此一來，你就會知道此時此刻除了念書，別無選擇。所以說，有時候焦躁還是有必要的。」（真想讓這樣的國文老師教國文！）

09

正在華盛頓大學留學，比在東大時還用功。「上課完全沒人打瞌睡」

神明 龍平

（上）寄宿家庭的家庭成員。最左邊是神明同學。寬敞的住家，有來自世界不同國家的5名留學生寄宿。附三餐。零用錢30000日圓（不含房租）。（左）共用的客廳。

住著六國人的家

神明同學原為法學部大三的學生，辦了一年的休學，現在正在華盛頓大學留學。在這次眾多的東大受訪者中，他是位於美國華盛頓且極具影響力的一位。朋友們開口閉口「神明長、神明短」的一直說著他的名字，看得出他在東大很有名氣。

「在美國念書雖然比在東大辛苦，可是每天都過得精彩又刺激，留學生彼此間文化及價值觀的差異，讓我受到不小衝擊，但我深信，這些經驗將能豐富我的人生。所以，只要經濟上許可，千萬別遲疑，一定要來挑戰！」他鼓勵大家出國留學。

本來不會說英文，為了學好英文，他只好硬著頭皮讓自己融入美國人社交圈，一直到自己能開口說英文。

華盛頓大學每節上課為50分鐘，每天約上3～5堂課。

「這邊的學生比東大的學生認真，問問題都很踴躍，完全沒有學生在課堂上打瞌睡。」留學生似乎更為積極。

神明同學寄宿的家庭裡面，除了他以外，還有來自沙烏地阿拉伯、印尼、台灣及韓國的同學。雖然大家平常各忙各的，很少有機會能聚在一起，但這種生活環境，卻是在日本很難體驗到的。

PROFILE

學部・學年 法學部3年級，應屆上榜。	
居住風格　美國華盛頓寄宿家庭（留學中）。房租＋附三餐，1年美金7750元。	
參加社團 目前未參加社團。	
家人 父（公務員）、母（家庭主婦）	血型 O型
畢業高中 大阪星光學院（大阪市天王寺區）	出生地 大阪府泉南郡
工讀狀況 留學生禁止打工。	興趣 看書、排球。
喜歡寄宿家庭的哪一點？ 提供三餐。	畢業後打算朝哪方面發展？ 希望到外商工作。

（右）神明同學的臥房。寄宿家庭空間很寬敞，感覺很自由。（下）從日本帶來的書。

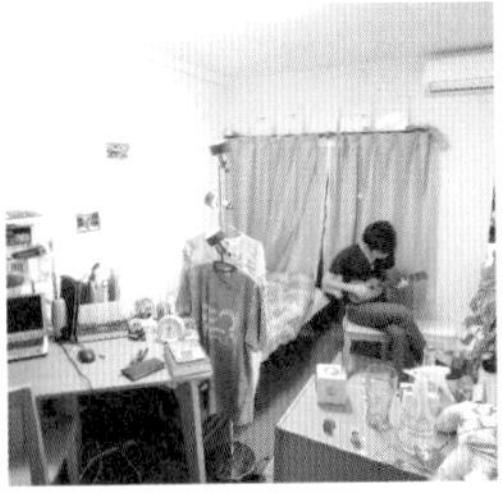

2章

東大生・合租公寓的房間

10

想要相處融洽，有賴彼此信任而不是硬性規定 三個男生一起合租的透天公寓

大宮 透　秦 直也

同為東大大三生的大宮、秦、井上三位同學，
在文京區合租了一棟地點好的透天公寓，騎腳踏車到本鄉校區
只要15分鐘，他們已合住一年了。

※井上同學（法學部政治學科三年級）因時間上無法配合，故未登場。

開始合租的動機，是因我們希望「擁有一個可以一起聊天的空間」，完全不是為了要節省房租。他們認為，如果是為了省錢才合租房子，相處上可能會有問題。

三人都喜歡談天說地 分享彼此時間與空間

近來，合租公寓在大學生圈蔚為一股風潮，這是指數人合租一間公寓，但各自擁有自己的房間，共用廚房、浴廁及廚房的生活方式。

一開始三人會想要合租，是因為「我們都參加同一個研討會，又剛好是研討會的主要幹部，經常討論到三更半夜，於是大家靈機一動『既然我們這麼常聚在一起聊天喝酒，乾脆直接住在一起比較方便』。」（大宮同學）。剛開始找房子，立刻看到這間「我們都想住的房子」（秦同學），於是當場決定就是它了。

這棟全新出租公寓，適合小家庭，每月租金為24萬3千日圓。

「當初找房子時，我們只有一點堅持，就是廚房必須是半開放式的，這樣要是有人站在廚房裡做菜，才不會覺得太孤單。」秦同學說（右）。

位於文京區水道，3房1廳1廚的3樓透天公寓。全新完工，設備、裝潢通通都亮晶晶。

三人平均分攤下來，每個人負擔的租金與個人套房差不多，而且還多了半開放式廚房、17塊塌塌米大小的客廳，及寬敞的衛浴。付同樣的租金，卻能享受更大的空間，真是物超所值。於是，三人當場決定將這裡當作朋友間互通情報的秘密基地。

我問秦同學，你們是否會吵架？有沒有訂定生活公約？他回答，「我們根本吵不起來，因為我們的個性都很不同，譬如我愛乾淨但討厭做飯，井上雖然粗線條，卻很愛做菜，大宮則很有品味，個性也比較中庸，所以我們才會這麼合。」

大宮同學進一步補充他們的分工合作方式，「雖然我們事已劃分好誰負責倒垃圾、誰負責打掃，但主要還是互相信賴為原則，只要有人發現哪裡該加強，就會自動自發去做。所以不會有誰出來指責別人『喂，你怎麼都不做啊……』這種事情發生。」以不成文的柔性規則，以及彼此的信賴為主軸，在享受合租好處的同時，又能相處融洽。

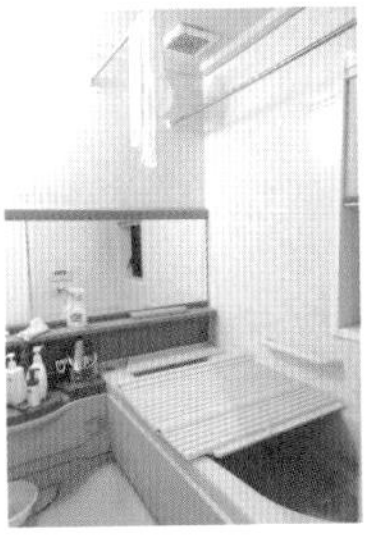

（上右）合租公寓最大的優點，就是能夠使用家庭式的寬敞廚房。（上中）愛好攝影的大宮同學所拍攝的照片，放入相框中，時尚地陳列在階梯旁。（上左）寬敞的最新型衛浴。附浴室烘乾機。由愛乾淨的秦同學負責打掃（右）。玄關總是堆滿東倒西歪的鞋子。

兩個人都讀縣立高中，又參加社團活動，不知高三夏天的狀況如何？

談到念東大的優點，大宮同學說，「我進東大時念文科二類，卻能在升大三時轉為工學部，這點讓我覺得很棒！」秦同學則認為：「讀東大的優點，是在這裡能遇到許多值得尊敬的人，像現在跟我同住的這兩位室友。」

畢業於縣立高中，高三夏季之前兩個人都還沉迷於社團活動，針對高中生所提出的問題「高三那年的夏天，狀況如何的人比較可能會考上？」，又是怎麼回答的呢？

秦同學說：「無論狀況如何，每個人都有機會考上。像我高三的夏天，同年級的學生約有三〇〇位，我的成績只在第50名，也沒有立志要考東大。因為比賽才剛開始，誰是贏家還不知道呢！」

大宮同學的房間。由於猜拳猜輸，所以分配到5.4塊塌塌米的這間最小的房間。喜歡的相機及CD排成一排，為方便畫圖，地板也鋪上一層軟木塞板。每月收入包括：家裡匯來零用錢80000日圓＋打工收入約70000日圓。

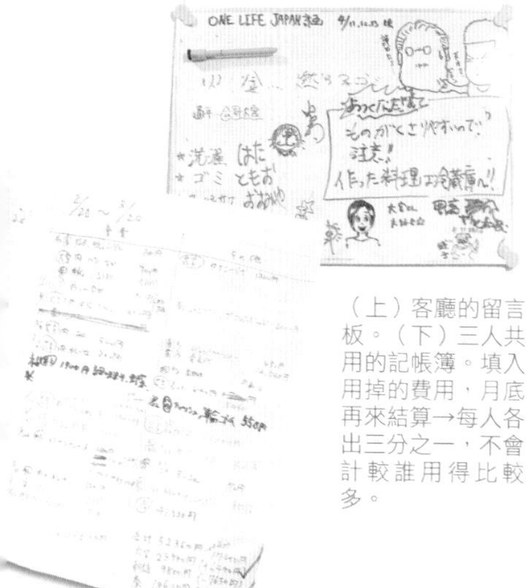

（上）客廳的留言板。（下）三人共用的記帳簿。填入用掉的費用，月底再來結算→每人各出三分之一，不會計較誰用得比較多。

PROFILE

大宮透

學部．學年 工學部都市計畫學科3年級，應屆上榜。	
居住風格 與朋友共3人合租公寓，租金每人81000日圓。	
參加社團 寫真文化會。	
家人 父、母（皆為大學教授）、姐（保母）	血型 A型
畢業高中 群馬縣立高崎高中（高崎市）	出生地 群馬縣高崎市
工讀狀況　家教時薪1500日圓，補習班講師時薪2000日圓，攝影助手，有案子就接。	興趣 拍照、音樂、看書
喜歡住處的優點？ 天花板很高，收納空間很大。	畢業後打算朝哪方面發展？ 想要從事有趣的工作

大宮同學說，「理論百百種，不過即使考前成績再優秀，也沒人能保證絕對能考上，這就是考試，重要的是考試當天的表現！當初模擬考時，我的成績判定不是D就是E（笑）。」原來如此，縣立高中的學生因為參加社團活動，所以多半要到高三夏季才會開始準備考試。

話雖如此，準備狀況可是很激烈的喔！高三入秋後，這兩人每天念書的時間都一樣在「12個小時以上」。

「我的頭腦並沒有特別聰明，只能勤以補拙，所以我訂的目標是每天要讀15個小時。」（秦同學）。致勝的關鍵，就在於高三的夏季起，你花了多少時間在準備考試？注意力是否能夠集中？

秦同學的房間。與大宮同學的房間同在三樓，房間由於天花板很高，給人寬敞的感覺。每月收入包括：家裡匯來50000日圓＋獎學金50000日圓＋打工收入約20000日圓。當初搬進來時，由於井上同學有女朋友，所以自願選擇1樓玄關旁的房間。

PROFILE

秦直也

學部・學年 法學部政治學科3年級，重考一年。	
居住風格 與朋友共三人合租公寓，租金每人81000日圓。	
參加社團 東京大學創業社、法與社會及人權研討會、籃球社	
家人 母（電氣類公司職員）、兄、祖母	血型 A型
畢業高中 茨城縣立土浦第一高中（土浦市）	出生地 茨城縣土浦市
工讀狀況 家庭教師時薪2500日圓， 居酒屋時薪900日圓。	興趣 籃球、腳踏車、馬拉松。
喜歡住處的優點？ 寬敞。	畢業後打算朝哪方面發展？ 國家公務員→創業→政治家

（右上）曬衣間用來做為讀書室。（左上・下）客廳空間。朋友常會到這裡串門子，所以放了許多漫畫。

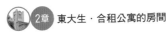

四人合租位於文京區白山的4房1廳1廚透天公寓。每人分得1房，另有客廳、廚房。

11

洋溢歡笑與能量的4人組。行事認真的伙伴們共同激盪出未來遠景的家

鈴木 悠平　　小川 鐵平
三谷 匠衡　　山內 隆太郎

希望能跟比自己更博學、更知性、更有想法的人聊天，
然後再吸收對方的長處。
同樣強烈擁有這種想法，這四個人選擇的是
能進一步了解並互相接受的共同生活方式。

（右）4塊塌塌米大的廚房，由愛下廚的鈴木同學負責打掃，並管理食物存量。（上）廚房裡的留言板，對於共同生活有極大的幫助。（下）放購物收據的盒子。無論金額多寡，通通由四人平均分攤。「大胃王或常在家吃飯的人比較賺（笑）。」鈴木同學說。

共同生活，可以重新發現自己

「朋友聽到我跟人合租公寓，就常常會問我說『什麼？還好嗎？相處還順利嗎？』感覺好像很期待我們發生什麼問題似的（笑）。」最先提議四人合租透天公寓的鈴木同學說。接著，小川同學補充說明，「大家聽到分租公寓，就會聯想到室友的關係會像家人般親密，所以會互相干擾，事實上完全不是這麼回事。我們都有自己的生活，平常各忙各的，而且每個人都有自己的房間，所以不僅能保有充分的隱私，彼此也能維持恰到好處的距離感。」所以感覺比較像是「數個獨立的房間存在同一個屋簷下」。

無論是前面提到過的大宮同學與秦同學，或這裡的鈴木同學，都不停地表示與同學合租公寓的優點及樂趣。看來大家都幸運地找到了一個好地方，能讓自己充滿活力，同時又保有隱私與自由。

透過這個同居生活，三谷同學注意到自己的變化，他說，「我覺得自己的個性變了。和大家一起住之前，我比較習慣把自己的想法悶在心裡，而現在我則會將感覺直接表達出來。這麼做，讓我每天都過得開心又快活。」

山內同學的看法則是如此，「合租，會因為成員的個性不同，而呈現不同的樣貌，因人而

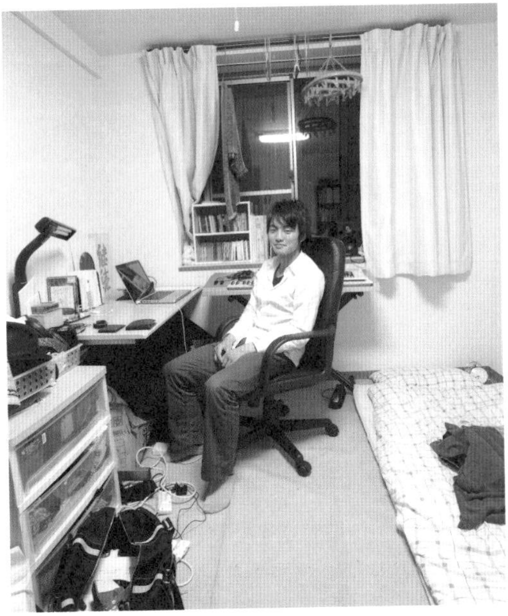

鈴木同學的房間。「搬家那天我剛好出國玩，回國時只剩樓梯下面最小的房間。」他笑著說。電子琴很顯眼。每月收入包括：家裡匯來100000日圓＋獎學金50000日圓＋打工收入約30000日圓。

PROFILE

鈴木悠平

學部・學年 法學部公法組3年級，重考一年。	
居住風格 與朋友共4人合租公寓，租金＋生活開支約80000日圓。	
參加社團 UNHCR（難民支援活動）	
家人 父（貿易公司職員）、母（助理護士）、姐（保母）	血型 A型
畢業高中 兵庫縣立神戶高中（神戶市）	出生地 兵庫縣神戶市
工讀狀況 法律事務所英文資料翻譯，時薪2000日圓。	興趣 鋼琴、看書、做菜
喜歡住處的優點？ 便利、看起來很清爽。	畢業後打算朝哪方面發展？ 成為國家公務員

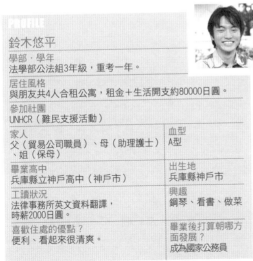

異。像我跟三谷一起住之前才見過一次面，不過一見面馬上就很熟。至於另外兩個室友，我從以前就『很欣賞他們的個性』，跟人合租時，若能互相欣賞，大家就會相處得很愉快。」

為了交朋友而組成的家

當室友帶朋友到家裡來時，其他人也會跑到客廳去聊天，於是，朋友的朋友也成了自己的朋友。這個家就像是個能擴大交友圈的基地，每個人心裡都默認這點，也彼此尊重，讓這個基地像塊磁鐵般，吸引到更多的友誼。

聽他們這麼一說，我才知道原來合租公寓還具有這個意義。基本上，這幾個男生的價值觀跟生活方式，都與一般男生無異，同樣都很不修邊幅，但大家卻用各自的方法而努力。看著他們同心協力又開心笑著的模樣，真的讓人覺得好羨慕喔！

至於大家當初為何會想要一起住，鈴木同學如此說。

「我以前住在三鷹宿舍，但學校規定升大三後一定要搬出來，所以我不知如何是好。如果一個人住本鄉校區附近，就算只租個狹窄的大樓公寓或木造公寓，每月的房租都

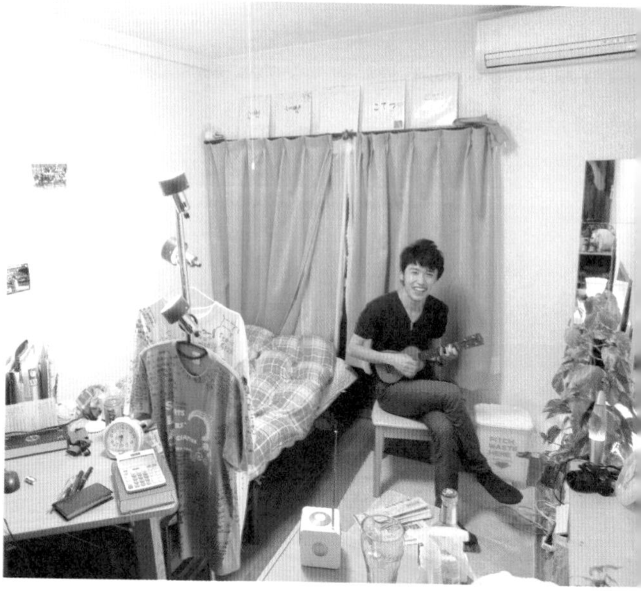

負責清掃衛浴及處理電腦問題的小川同學的房間。重視視覺呈現。他非常自豪在觀葉植物後方打光，呈現出剪影效果的創意。每月收入包括：家裡匯來90000日圓＋打工收入約30000日圓。

PROFILE

小川鐵平

學部・學年 經濟學部金融學科3年級，應屆上榜。	
居住風格 與朋友共4人合租公寓，租金＋各種開支約80000日圓。	
參加社團 東大運動同好社（網球）、TNK創業社、經友社	
家人 父（貿易公司職員）、母（家庭主婦）、弟（大學生）	血型 B型
畢業高中 開成高中（荒川區）	出生地 千葉縣柏市
工讀狀況 Uniqlo服飾店時薪1000日圓，家教時薪3000日圓。	興趣 動畫編輯、股票投資、照相
喜歡住處的優點？ 間接照明，家飾。	畢業後打算朝哪方面發展？ 成為國家公務員

要8～10萬日圓。於是我想，既然都要花這些錢，難道沒有住起來有趣又寬敞的辦法嗎？此時我靈機一動，心想或許可以找人合租公寓，於是便跑去問平常跟自己比較合得來的同學有沒有意願。」

房租23萬日圓，四人平均分攤。水電及伙食費等費用在月底結算，同樣由四人均分。鈴木同學負責跟大家收錢。

畢業後的展望如何？

謠傳東大有不少學生夢想「未來要當日本首相」，鈴木與小川同學也有類似的想法，並具體勾勒出自己的遠景。

鈴木同學因參加難民救援社團及「MODEL G8–學生高峰會」而曾在日本首相身邊工作過，目前持續在攻讀國際政治及外交。

小川同學發大願：「未來要出席G8！」第一步則是要先全力衝刺公務員考試，成為行政官。

一副學者模樣的山內同學則想繼續念研究所，未來當個大學教授。聽大家說他超用功的，每天都會閱讀大量艱澀的法律書籍。

三谷同學則期許自己能成為一個創意工作者，自己製作電影。他每天固定會看兩部電影，學習構思故

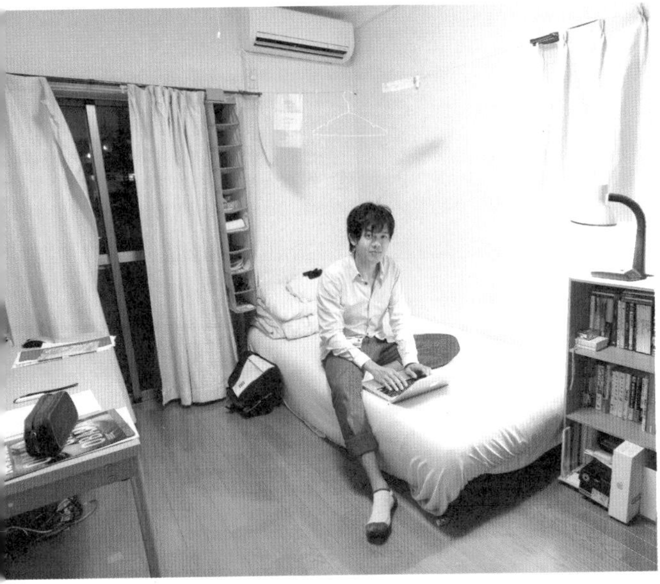

負責打掃玄關及廁所的三谷同學的房間。「為了讓房間看起來更寬敞，決定一切從簡。」眼前是他喜歡的吉他及剛買的蘋果筆電。每月收入包括：家裡匯來30000日圓＋打工收入約60000日圓。

PROFILE

三谷匠衡

學部・學年 文學部思想文化學科3年級，應屆上榜。	
居住風格 與朋友共4人分租公寓，租金＋各種開支約80000日圓。	
參加社團 東大運動同好社（網球）	
家人 父（建築設計師）、母（出版業）、姐（芭蕾舞團藝術總監）	血型 A型
畢業高中 都立日比谷高中（千代田區）	出生地 東京都涉谷區
工讀狀況 學習室教務時薪1000日圓，家庭教師時薪3500日圓。	興趣 電影、吉他、漫畫、練肌肉。
喜歡住處的優點？ 布置簡單，廚房很大。	畢業後打算朝哪方面發展？ 想從事電影製作。

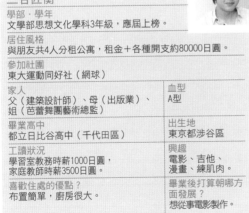

事，並練習寫劇本。

對於他們來說，「未來的夢」立基於今天踏出去的每一步，這個家就是他們朝夢想前進的逐夢基地。好棒的生活方式啊！

負責打掃客廳與樓梯的山內同學的房間。本來住在位於鎌倉市的家，每天通勤上學，當初要搬出來住時「家人都問為什麼？我告訴他們，以前聽說和朋友住很有趣，我也想試試看。」每月收入為家裡匯來生活費130000日圓。

二樓屋簷下三角形的空間，被用作客廳使用。房子既然是合租，電視、遊戲機、漫畫等娛樂設備，當然也都是共有的。

PROFILE

山內隆太郎

學部・學年 法學部公法組3年級，應屆上榜。	
居住風格 與朋友共4人合租公寓，租金＋各種開支約80000日圓。	
參加社團 東京大學法律服務社、東京大學音樂系合唱團	
家人 父（電機製作公司職員）、母（家庭主婦）、姐（補習班老師）、祖母	血型 B型
畢業高中 開成高中（荒川區）	出生地 神奈川縣鎌倉市
工讀狀況 目前沒有打工。	興趣 看書、打網球
喜歡住處的優點？ 藏書、通風。	畢業後打算朝哪方面發展？ 研究所畢業後當大學教授。

3章

東大生・宿舍的房間

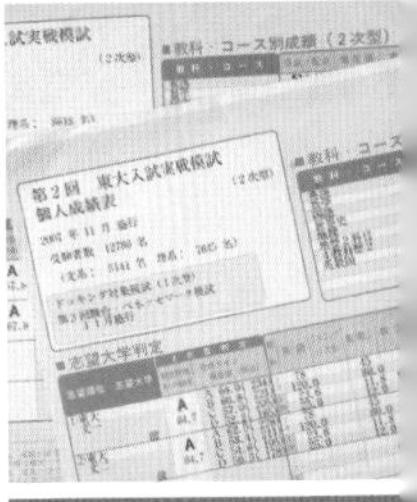

12 參加考試，重要的是要有計劃。合理的建議與簡單的生活，散發知性的住宿生房間

石田 純也

縣立高中畢業，應屆上榜東大，住宿生活已邁入第三年。走進廚房、浴室、廁所、書桌、書架一應俱全的宿舍，隨處可見他所打造個人風味十足，洋溢知性，住起來無比舒適的個人空間。

PROFILE

學部．學年 經濟學部經營學科3年級，應屆上榜。	
居住風格 一個人住在豐島宿舍，獨立套房＋各種費用，共10000日圓（不含水電）。	
參加社團 弓道社	
家人 父（流通企業員工）、 母（家庭主婦）、弟（高3）	出生地 熊本縣熊本市
畢業高中 熊本縣立熊本高中（熊本市）	血型 A型
工讀狀況 目前沒有打工，曾當過居酒屋服務生及家教。	
興趣 撞球、射飛鏢。	
喜歡住處的優點？ 租金便宜。	
畢業後打算朝哪方面發展？ 到金融、證券公司上班。	

西巢鴨豐島宿舍的獨立生活

如果想在漫長大學生活中節省種種費用，相信住宿舍就是最棒的選擇。

大三以上的學生才能入住的豐島國際學生宿舍（以下簡稱「豐島宿舍」），每月租金＋各種費用合計為一〇〇〇〇日圓。「生活上沒什麼限制或規定，住起來覺得很輕鬆自在。」石田說。雖然有人會嫌宿舍「太小」，但他的房間完全不會給人狹窄的感覺，這應該是因為他只放生活上一定要用到的必需物品，並經過適當的整理。維持整齊清潔的秘訣，就是「東西用完後立即物歸原處，不要隨手扔在一旁，就是這樣而已。」（原來如此！）

兼顧課外活動與準備考試，訣竅是什麼？

就讀熊本縣立高中時，參加弓道社，沒有上補習班或升學班，也沒請過家教，全憑自習，應屆上榜東大。原來同時兼顧社團活動與考試

跟書桌一體成形的書架，是豐島宿舍本來就有的配備。巧妙而有品味地放置書籍、文具與生活用品。書架上排滿經濟學的書。

「雖說是宿舍，但感覺就像是一個人住在便宜公寓。只要帶個窗簾與棉被，就能立即入住。」

是有可能的。

「我不太記得自己在社團活動結束前，是否認真念過書。不過，就因為如此，讓我在社團活動結束後的那個夏天，更能集中精神去準備考試。」若說到具體做法，那就是「考試前該做的事是固定的，模擬考的日程表一開始就公布，所以只要從大考的日子往回推算，就能訂定讀書計畫，知道何時該做些什麼以及該怎麼做。」以模擬考為基準，大致決定夏天模擬考的目標分數為60分，秋天為70分，正式大考為80分。

「如此一來，我知道夏天模擬考時，自己只要考60分就好，所以心情變得很輕鬆，負擔也不重。這樣的開始，讓後來的表現更為突飛猛進。」沒錯，如果一開始就想考滿分，很容易招致失敗。由於知道自己的英文比較弱，所以高三暑假全心全意衝刺英文，努力「擊敗自己的弱項」。

放榜當天，心想，「該做的都做了，要是落榜，大不了明年再捲土重來！」所以當我看到自己上榜，也只覺得「考上了啊！」而已，反而還沒拿到汽車駕照時那麼興奮，因為當初完全沒準備就去考駕照。

換言之，「全心投入，讓自己沒有遺憾」就是保持心情穩定的唯一辦法。

門一打開，馬上就看見一個附有電磁爐的小廚房，非常奢侈的空間。房間裡有廁所、淋浴間及衣櫥。每月收入是獎學金十萬日圓。

13

自從開始在補習班上課就一直住宿舍。身邊盡是學校同學，儼然成為情報交換中心的房間

林 佑誠

來自福井縣的縣立高中，待過京都駿台補習班的宿舍，
目前住在東大三鷹宿舍。
不管住在哪一個宿舍，念書、休息、玩樂時總有人陪伴，
承受失戀之痛時，也有朋友在一旁扶持，
所以他才能重新站起來，因此內心十分感激。

PROFILE

學部・學年
教養學部理科二類2年級，重考一年。

居住風格
一個人住在三鷹宿舍。獨立套房租金＋各種費用，共10500日圓（不含水電）。

參加社團
La Chouette男子料理社、CLOUD9滑雪社

家人	出生地
父、母（自營手機店）、弟（念高1）	福井縣福井市

畢業高中	血型
福井縣立藤島高中（福井市）	O型

工讀狀況
目前沒有打工。

興趣
打麻將。

喜歡住處的優點？
租金便宜，有自己買的飛鏢盤。

畢業後打算朝哪方面發展？
還沒決定。

三鷹宿舍住宿生交流頻繁

一打開門，看到的就是散落一地的物品。糗他一下，沒想到他居然一臉吃驚地說，「咦？怪了，我明明才打掃過的說。」（莫非這就是所謂「打掃前＝垃圾堆↓打掃後＝即將成為垃圾堆」的意思？）

林同學目前住在東大僅供大一、大二生入住的「三鷹國際學生宿舍」（以下簡稱「三鷹宿舍」）。

「設備、費用都跟豐島宿舍差不多。門禁？才沒有什麼門禁咧。管理人是有啦，但完全不會管我們。三樓女生宿舍大門用的是自動鎖，但出入很自由。其實跟一般大樓公寓沒有什麼不同，只不過住在宿舍裡面的人，全都是東大的學生而已。」跟前面石田同學的說法一樣。

「宿舍的房間雖然比較小，也沒有浴缸，但最吸引人之處在於，租金真的很便宜，還設有公共交誼廳，大家可以在這裡跟朋友吃吃喝喝，交換上課或考試的資訊。三鷹

目前很迷麻將，書架上有整排麻將書。「非常努力地在K～。」東大的紅色參考書則「成為考試紀念品的珍藏。」

這就是他所謂受訪前打掃過的房間。請他給我們看沒有打掃前房間的照片，還真的是亂得離譜。他最自豪的就是牆上掛著的飛鏢盤。

宿舍只收大一、大二生，所以學生們的感情都很好。」（看來宿舍的氣氛似乎挺活潑的！）

遭遇落榜與失戀雙重打擊

畢業於縣立高中的林同學，是怎麼準備考試的呢？「福井地區的高中，考試氣氛不像東京的升學高中那麼濃，大家都過得很悠哉。單憑學校的課程，根本別想追上其他升學高中。東大入學考試，多半只考基礎的題目，但如果平常不練習一些難題，考試當天一時之間可能會反應不及，所以我還特別去買難度較高的參考書，練習基礎與難解的問題。」

應屆畢業那年沒考上，放榜隔天又被女生給甩了，多重打擊，讓他在參加畢業典禮時心情糟透了。

不過，住進京都駿台補習班的宿舍，展開重考生活後，他的心境突然起了一百八十度的轉變。他說：「待在宿舍，除了念書，根本沒有其他事可做，再加上周圍全都是上進心十足的人，我因此得到許多正面的刺激。」（看來，重考這一年，他的心智似乎成長許多。）

沖澡時，可將中央的洗臉台，朝馬桶的方向轉。機能性還真強呢！每月收入包括：家裡匯來50000日圓（含房租）＋獎學金50000日圓。

「La Chouette男子料理社」在東大5月份所舉辦的學園祭（校慶）中，開了家可麗餅舖，受到熱烈歡迎。

14 無論是準備考試的方法或狹窄的宿舍房間，全都改造成自己所想要的樣子，靈巧男生的房間

槙野 尚

「考生最好能將念書變成自己的興趣。
反覆挑戰各種模擬考題，
想像自己是電玩遊戲中的主角在打怪，
不斷過關斬將，直到擊敗對方為止。」
槙野同學如此說。他的真實人生又是如何呢？

PROFILE

學部．學年 教養學部文科一類2年級，應屆上榜。	
居住風格 一個人住在三鷹宿舍，獨立套房租金＋各種費用，共10500日圓（不含水電）。	
參加社團 Agents東京大學股票投資社等。	
家人 母（鋼琴老師）	出生地 岡山縣岡山市
畢業高中 岡山縣立朝日高中（岡山市）	血型 O型
工讀狀況 企業實習生，時薪1000日圓。	
興趣 看書。	
喜歡住處的優點？ 色調統一為棕色系，感覺很沉穩。	
畢業後打算朝哪方面發展？ 企業律師、經營者。想在社會上發聲。	

說話聲調、手勢及房間模樣，顯得成熟又一絲不苟的槙野同學說，

「由於國中補習時，受到一些班上就讀升學國中的同學影響，我開始對念書產生興趣。又因爸媽離婚，家裡只有我跟媽媽相依為命，我都會自己用心確認是否有把課業做好，以免媽媽生氣，到時候可就要無依無靠了。媽媽工作比較忙碌時，爺爺會代替媽媽來照顧我，如果我成績優異，他會給我零用錢！」這樣的家庭背景，讓他高一時就作好應試的心理準備，但因縣立高中在高一時還嗅不到一絲大考氣氛，所以他找不到一起讀書的夥伴。

盡情布置宿舍房間

在房間裡每個角落的擺飾，都看得出主人在布置上的用心，他不僅將宿舍裡本來附的椅子、燈具等，通通換成自己買的東西，書櫃也特地找可以完全貼合桌子的。再加上葡萄酒杯與SONY電視螢幕，相信大家應該不難看出他對自己使用的物品挑剔的程度。

書桌前的書架上擺著「公司四季報」與股票、金融相關的書籍。左邊是擺在其他書架上的《全面投資》雜誌。依發行日期排列，看起來十分壯觀。

看書時，會坐在寬鬆舒適的大椅子上。桌上放著SONY的電視及兩台電腦，不難看出「他對使用物品的堅持。」

與考生網站所認識的網友共同加油打氣

「我在網路上找到一個網站，參加者都是有心想念書的考生，因此，我在上面留言想找唸書夥伴，後來開始和網友通信，互相報告『自己今天某本數學練習題做了3個小時，英文念了2個小時，這個禮拜共計念了10個小時……』等等，互相加油打氣，以提升衝勁。」他認為這是考上東大的主要原因。

他跟這位網友一直到東大考試當天才見面，那年槇野同學應屆上榜，但對方卻不幸落榜，而槇野依然不停地寫信為昔日戰友加油打氣，對方也很爭氣地在隔年考上東

看了他的房間，我有個感觸，儘管宿舍的空間很小，只要稍微花點心思，還是能整理成這個樣子！這是個會讓人想拿來當作宿舍樣品屋的房間。

大，現在兩人不僅是好朋友，也一起住在三鷹宿舍呢！

「讀縣立高中的同學，很容易因雜務過多而無法專心準備考試，因此，到網路上找個一起念書的夥伴，顯得特別重要。」他如此建議。

問他有沒有什麼受挫的經驗？他說：

「在中心考試的一個禮拜前，被女朋友甩了，到了考試當天，心情還沒有平復。」（這也算是個人成長的好經驗啦！）

因為參加料理同好社，廚房裡滿是各種廚具及調味品，自己煮飯。每月收入為獎學金100000日圓。

東大的人氣宿舍——大一、大二生的三鷹宿舍 大三生以上的豐島宿舍

說到學生宿舍，給人的印象多半是沒自由，或是學長姐很可怕，但東大的宿舍完全沒有這些問題。採訪時我們很驚訝，宿舍不僅很乾淨，還有獨立的隱私空間，而且共用的設備也很完善。

三鷹宿舍鄰近地鐵三鷹台站及吉祥寺站，從車站騎腳踏車到宿舍只要15分鐘，公車的班次也很密集。

大三以上的學生及研究生、留學生等入住的豐島宿舍，走路到地鐵三田縣西巢鴨站只要7分鐘，比三鷹宿舍更位於市中心。

兩個宿舍的學生都表示「只要付一點住宿費，就能享受舒適、機能齊全的宿舍，真的讓人覺得很滿意，而且住起來也沒有壓力。」

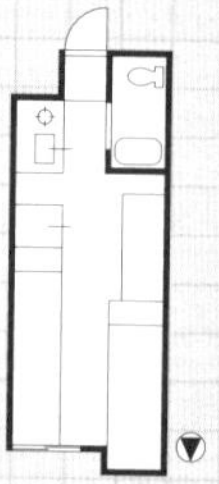

上為三鷹宿舍的公共交誼廳。每20間會設1間交誼廳，裡面擺有電子琴，也是跟朋友吃吃喝喝的好所在。不過由於洗好的衣服沒地方晾，所以有很多學生會把衣服晾在這裡。右為三鷹與豐島宿舍共通的房間隔間圖。房間大小為13㎡。右下為豐島宿舍外觀（2003年完工）。左下為三鷹宿舍外觀（1993年完工）。

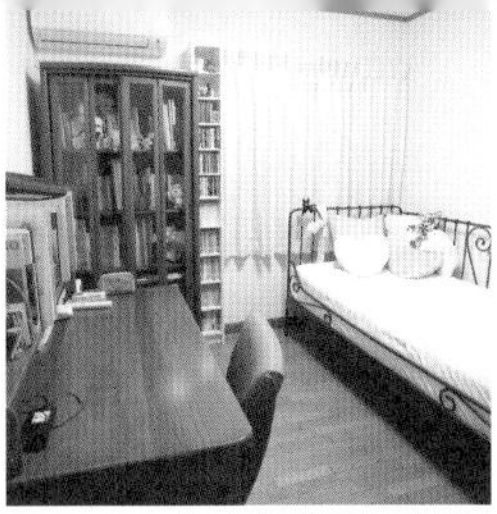

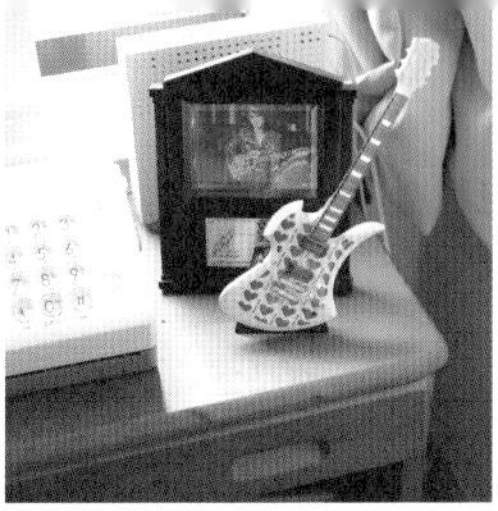

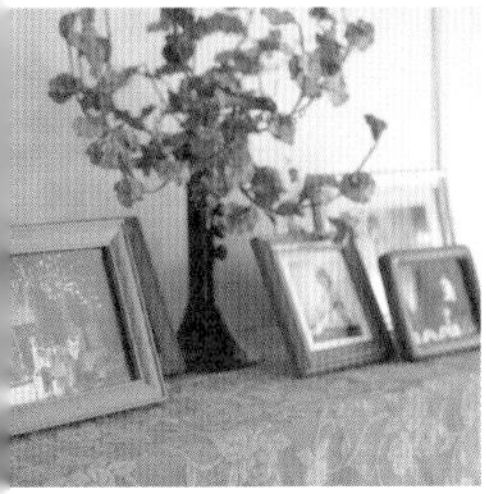

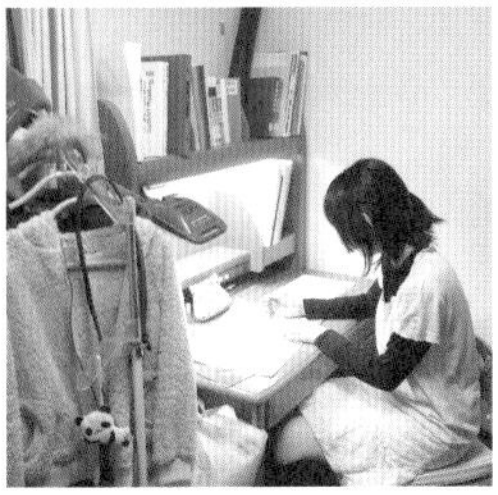

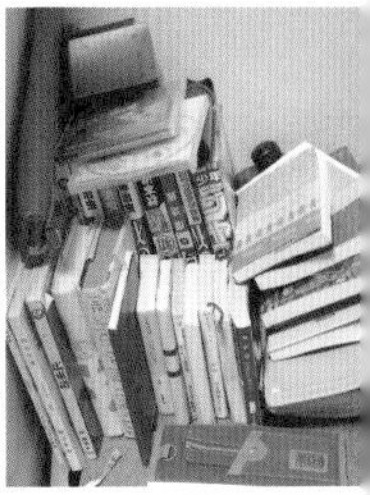

4章

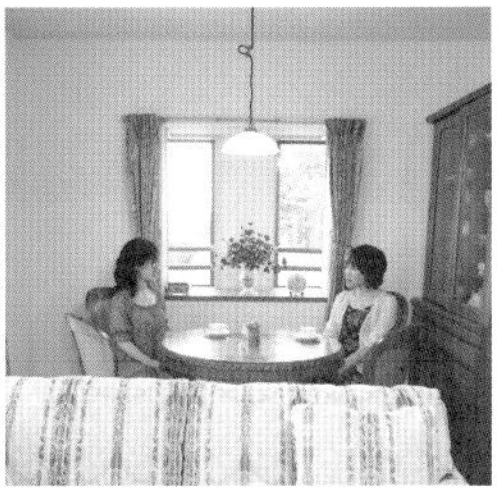

東大生・住在父母家的房間

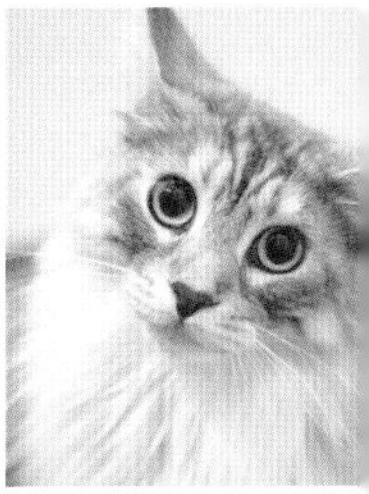

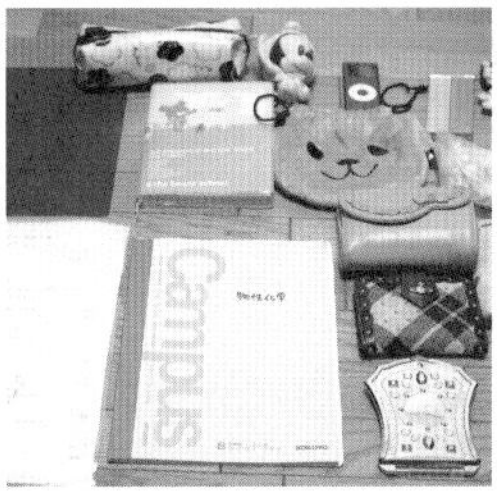

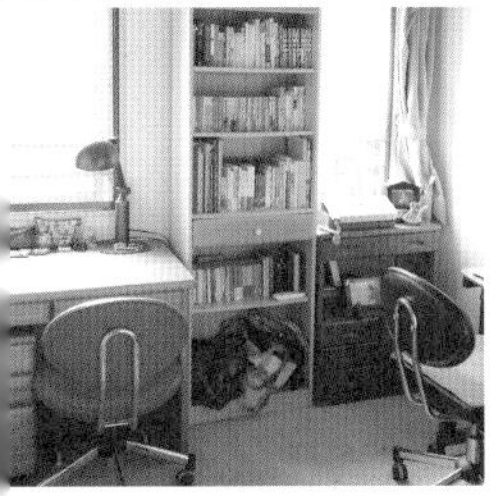

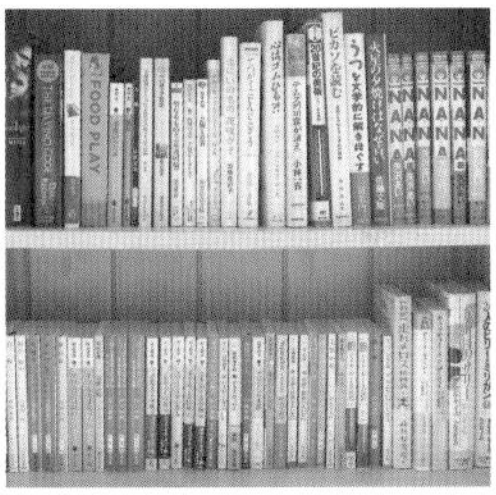

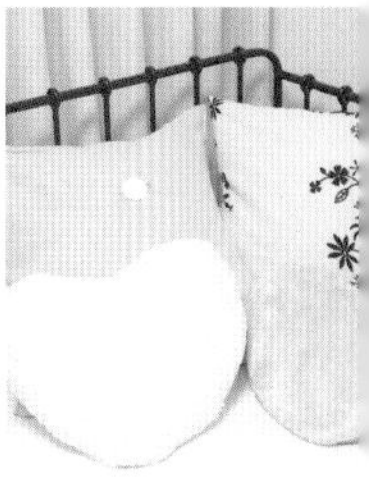

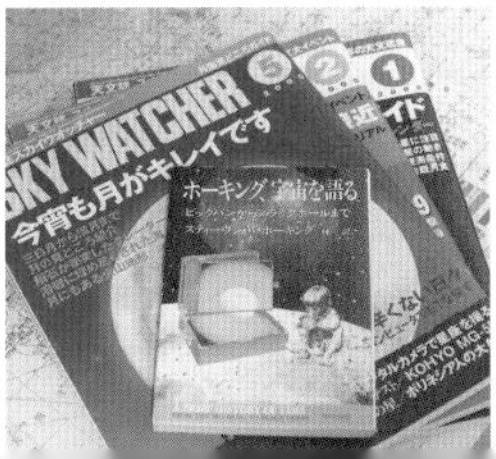

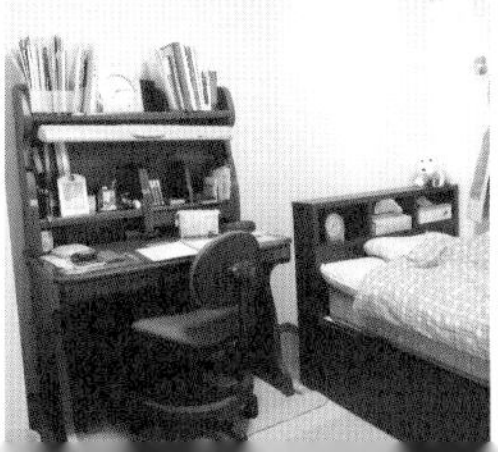

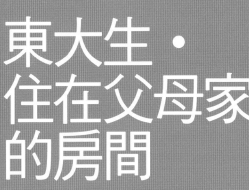

15

兩人均來自櫻蔭高中，皆立志投身宇宙研究。東大理科姐妹花的家

佐佐木 明（姐）　夏生（妹）

年齡差兩歲的姐妹花，均畢業自東京一流的升學女校──櫻蔭高中，也應屆升上東大。兩人的經歷亮眼，姐姐畢業於東大理學部，現在就讀天文學研究所一年級；妹妹則在工學部航空宇宙學科讀三年級，姐姐想成為天文學者，妹妹則立志到JAXA工作。

姐妹倆人都在最近人氣急速上升中的宇宙相關學科的最高學府就讀。探訪她們位於國分寺市幽靜住宅區的家，聽聽她們都在大學裡學些什麼？

姐姐佐佐木明說，「星星是由固化的氣體中所產

「不管考試期間還是現在，我們一家人都相處融洽。」兩姐妹說。母親智香子笑說，「她們兩個都是想做什麼就做什麼的人，只是風格不同，姐姐比較傻大姐，常讓人覺得她好像有2、3根螺絲沒鎖緊似的，而妹妹個性雖然大喇喇，卻容易受外界影響。」三個女人的生活熱鬧滾滾。

生的，我現在就是在研究星星形成的過程。每個禮拜我都會去三鷹天文台三次，並在自己的電腦中，重現星星形成的過程。」她立志不久的未來能攻讀博士班，成為天文學者。

妹妹夏生則說：

「航空機力學非常有趣！我們必須思考飛行中的飛機，究竟是靠什麼力量飛起來的。比方說，飛機飛行時，就要靠推進力。」她研究的方向是在飛機及火箭。

「最近兩位候補的太空人，其中一位就是來自我們系上的學生，未來最好的出路就是去JAXA，我希望自己最後能到那裡工作。」

超帥的啦！JAXA是日本宇宙航空研究開發機構，相當於美國的NASA。相信現在日本全國各地應該有無數的少男少女們，都很嚮往自己能考上這個科系，或從事這樣的工作吧！

這兩位姐妹究竟是在怎麼樣的環境下栽培長大的啊？

小學二年級就開始看日經新聞

媽媽智香子說：「姐姐小四、妹妹小二之前，在巴基斯坦待了三年半的時間，由於因當地沒有日文書籍可看，所以姐姐從小二就開始看日本經濟新聞，再加上她們念的是美國學校，英文能力還不錯，所以像是柯南・道爾的推理小說都是看原文的。」（好個讓人不得不對語言變得敏銳的環境啊！）

妹妹夏生的房間。左邊的階梯爬上去就是作為臥房的閣樓。桌上排著的是上課會用到的微積分及力學類書籍。每個月的收入包括：零用錢20000日圓＋打工收入約30000日圓。

PROFILE

佐佐木夏生

學部・學年
工學部航空宇宙學科3年級，應屆上榜。

居住風格
與家人同住在東京都國分寺市的透天公寓。

參加社團
過去曾參加辯論社。

家人	血型
父（汽車製造公司職員） 母（家庭主婦） 姐（東大研究所研究生）	B型
出生地	畢業高中
東京都國分寺市	櫻蔭高中（文京區）

工讀狀況　曾在八王子高中擔任數學講師，時薪2800日圓，家教時薪2700日圓。

興趣
看漫畫、唱KTV

喜歡住處的優點？
房間裡有漫畫收藏。

畢業後打算朝哪方面發展？
到JAXA（日本宇宙航空研究開發機構）工作

回國後，姐妹倆都進入公立小學就讀。姐姐明到朋友介紹的升學補習班上課，成績總是名列前茅，後來，「聽從補習班老師的建議」去考櫻蔭高中，順利考上。

妹妹夏生雖然不愛去補習，但不知不覺中，「也跟隨姐姐的腳步」考上了同一所高中。

即使沉迷電玩，家人也不管

櫻蔭高中每年約有60～70名考生考上東大，所以每一個學生進櫻蔭時，就知道自己未來的目標是東大。不過，「學校在升學指導上，卻一點也不嚴格～」姐妹異口同聲地說。

「學校非但不會公布我們考試的排名或偏差值高低，就算問老師也沒用（笑），學生只能自動念書。學校不讓學生有太大的競爭壓力，相對地我們也輕鬆許多。」明說。

「學校沒有所謂的『三方面談』※，老師和家長每年只見一次面，而且完全不會談到升學的事。」智香子接著說。（原來一流高中的做法是這樣啊！）

※「三方面談」為家長會的一種，指學校邀請家長及學生，與老師三方坐下來談論問題，或學生在校的學習狀況、升學或未來工作等。

爸爸目前隻身在美國工作。「爸爸最大的優點就是他人很好，幾乎不生氣，而且完全不管我們念不念書。可是，媽媽在這個家裡說話比

姐姐明的房間。姐妹倆的房間幾乎一模一樣，只有窗簾顏色不同。左為閣樓上的臥房。書架上擺放著相對論及量子力學等專業書籍。每月收入包括：零用錢20000日圓＋打工收入約30000日圓。

PROFILE

佐佐木明

學部・學年
理學部天文學研究所1年級，應屆上榜。

居住風格
與家人同住在東京都國分寺市的透天公寓。

參加社團
過去曾參加過擊劍社。

家人　父（汽車製造公司職員）母（家庭主婦）、妹（東大生）

血型
B型

出生地
東京都國分寺市

畢業高中
櫻蔭高中（文京區）

工讀狀況
補習班講師，時薪2000日圓。

興趣
看書、邊走邊吃、活動身體。

喜歡住處的優點？
從小用到大的書桌。

畢業後打算朝哪方面發展？
希望能成為天文學研究員。

較有分量，但最多只會叫我們『早點睡覺』而已。」夏生說。

大考前，姐姐沉迷於電玩「勇者鬥惡龍」，妹妹則迷上漫畫《網球王子》，但家裡完全沒人阻止。夏生說：「大家只覺得我們只是這陣子剛好比較迷這些而已。」（天啊，這一家子是打哪來的從容不迫啊！）

東大模擬考的成績判定，兩姐妹一直都是A。在這次受訪的男同學中，有很多本來的成績只有D或E，後來因考前衝刺，才勉強吊車尾上榜的，但女生則不同。絕大多數的女生從國中就名列前茅，一路由升學高中考上東大或京大。

這兩者的差異其實有跡可循，最好的例子便是這兩位佐佐木櫻蔭&東大姐妹花，她們可是從10歲起就開始嶄露頭角了喔！

明的書桌，從小4回到日本就一直使用到現在，很有感情。看得出來她很愛乾淨，使用物品的習慣良好，愛看通俗天文雜誌《SKY WATCHER》。

左為夏生的書桌。從小學用到現在的書桌，看起來非常整潔。上面的獎盃是夏生大2代表所屬辯論社，參加全關東大學辯論大會，獲得優勝所帶回來的戰利品。

姐妹倆一致認為，「小時候雖然會打打鬧鬧的，不過上了國中，感情就變得很好了。」妹妹看起來比較會逗姐姐。

16

不補習照樣也能應屆上榜。即使成績退步或承受壓力，都有家人支持

但馬 大紀

外表顛覆一般人對東大生的印象。
活躍於樂團活動，
時髦又陽光的男生，終於讓我們找到了。
靠自學突破考試難關，歸功於「家人的力挺」。

嗅不到一絲生活味的簡單房間

第一次在東大校園見到他時，我心想：「喔，帥哥出現了。」但馬同學開朗地笑著說，「那天恰巧是學校的五月祭，我們樂團要登台，所以稍微有打扮了一下啦！」但馬同學家位在橫濱市高台上的大樓公寓，採訪當天正值悶熱的梅雨季，

房間裡只有白色的牆、咖啡色的書桌及床，感覺十分乾淨整潔。「髒了媽媽就會幫我打掃，真是不好意思！」

學部・學年 教養學部理科二類2年級，應屆上榜。	
居住風格 與家人同住在橫濱市公寓自宅。	
參加社團 FGA（FOLK GUITAR ASSOCIATION民謠吉他協會）	
家人 父（大學教授）、母（家庭主婦）、兄（大學生）	血型 O型
畢業高中 神奈川縣橫濱市	畢業高中 聖光學院（橫濱市）
工讀狀況 補習班講師，時薪2000日幣。	
興趣 聽音樂、唱歌。	
喜歡住處的優點？ 絨毛毯，完全不會皺皺的。	
畢業後打算朝哪方面發展？ 讀藥學部，並從事與藥品有關的工作。	

這個書櫃在家人共用的另一個房間中，櫃上的漫畫占4/5，其餘是推理小說。上面還有家人們的合照。

卻有陣陣涼風吹過，讓人覺得好舒服。

穿過玄關，就立即看見位在角落的房間。或許是因布置簡單，生活用品整理得有條不紊，再加上打掃得纖塵不染的緣故，整個房間居然嗅不到一絲一毫的生活味。家人團聚的客廳，也一樣既簡單又美觀。

其實他本身就是讓人嗅不到生活氣息的乾淨男生，難怪我們常會聽人說「什麼樣的人住什麼樣的房子」，或許就是這個道理。

問他高中時怎麼準備考試，他明確地回答說：「我有非常強烈的慾望，希望上課被老師點到名時能回答正確答案，所以上課前我都會努力將預習做到盡善盡美。」

由於就讀升學高中，他的社團活動到高二秋季就完全結束。高三時學校會在中午前將課業上完，下午則讓學生到自習室自習，暑假則幾乎每天都要去上課。所以即使不去補習班補習，也有學校督促他們念書。

家人的支持陪伴，度過低潮

「我記得高三那年的暑假自己最拚，每天念書時間超過10小時。讀書計畫不用訂得太細，比方說，只要決定好要在暑假將數學題練習過一遍，你就會知道每天進度大概是多少。英文方面，我則是要求自己每天要解答一大題閱讀測驗。另外，上高三後，我每天還會強迫自己練英文聽力。」

努力總算有代價，他在夏季東大的模擬考中，成績被判定為A。不過，不知是不是夏季太用功，彈性疲乏的緣故，入秋後他突然變得有

S2−A51009

[illegible]	[illegible]	[illegible]	氏名	カナ氏名	合否
[illegible]	[illegible]	A51000	[illegible]	[illegible]	合格

[illegible]	[illegible]	数学	物理	化学	2次試	センター試験	総合換算点
35	71	[illegible]	39	[illegible]	[illegible]	[illegible]	[illegible]

[illegible]	[illegible]	[illegible]	[illegible]
[illegible]	[illegible]	[illegible]	[illegible]

[illegible] 大紀 殿

独立行政法人大学入試センター

あなたの成績を下記のとおり通知します。

記

（365101−2022K）

教科名	科目名	試験区分	得点	備考
公民	倫理	本	92	
地理歴史	−	−	−	
国語	国語	本	183	
	近代以降の文章	本	92	
	古文	本	41	
	漢文	本	50	
外国語	英語	本	182	
	リスニング	本	46	
理科①	−	−	−	
数学①	数学Ⅰ・数学A	本	97	
数学②	数学Ⅱ・数学B	本	96	
理科②	化学Ⅰ	本	83	
理科③	物理Ⅰ	本	98	

（上）他讓我看了東大二次考試的成績單。中心考試滿分為900分，比例換算後為110分，再加上二次考試的滿分440分，二階段考試滿分共計為550分，用此成績來決定合格與否。成績單上分別標明合格者的最高分、平均分與最低分。（下）中心考試的合格通知書。這就是考上東大的成績單喔！

家人團聚一堂的客廳，同樣簡單又沒有多餘的裝飾。是個能讓人專注在書本上，又不容易分心的空間。

點意興闌珊。而且，當時還發生了一件事，那就是，他突然被班上好友「討厭」。

「死得不明不白，最讓人覺得痛苦，而且我是那種希望被大家喜歡的人，所以發生這種事真的讓我覺得很煩惱。」模擬考成績甚至因此掉到B與C，情況還變糟糕的。「我事後反省，應該是我在讀書與交友上，都把自己逼得太緊的緣故吧！」他自我分析道。

這個時候，察覺到他的低潮，哥哥與媽媽會找他打電動，或出去玩接球等，學校一些成績優異的同學，也會邀他去圖書館念書。

「因為我沒補習，所以家人與朋友的支持，顯得更為重要。他們不會干涉我，只是在一旁默默地守候著我。」他坦言自己能走出低潮，全要感謝家人與朋友的支持。媽媽敏子說，

「我常會提醒自己不要多嘴，我認為做父母的，只要在背後默默守護就行了。」

要與家人好好相處，要結交值得尊敬的好友，「家人的力量」與「朋友的力量」絕對是讓你考運亨通不可或缺的要素。

準備考試期間，故意閱讀英文版的哈利波特，讓自己習慣英文。

17 以堅強的意志，克服大考前發作的椎間盤突出。靠著苦讀與自學通過考試，前輟學生的家

森田 惠

「她是那種會一旦喜歡上重金屬樂，就會突然染個大紅髮出現在你眼前的女孩。」
還沒見面前，就從她好友口中得到這樣的情報。不出所料，
第一次見面時，她就以一副搖滾的裝扮出現在我眼前。

PROFILE

學部・學年
文學部思想文化學科3年級，應屆上榜。

居住風格
與家人同住在杉並區的公寓。

參加社團
課外時間學習唱歌及社交舞。

家人
父（銀行職員）、母（網站設計員）
姐（公司職員）、兄（大學生）

血型
B型

畢業高中
福岡縣福岡市

畢業高中
東京學藝大學附屬高中（世田谷區）

工讀狀況
家教，時薪3000日圓。

興趣
唱歌、看戲、逛美術館。

喜歡住處的優點？
書本的排列方式，重視物品的擺放。

畢業後打算朝哪方面發展？
諮商心理師及作家兩者兼顧。

小六起就不去上課，書本是她的朋友

她的外表搖滾，在校園中看起來有點突兀，但聊過天後，你會發現她不僅說話含蓄，很有禮貌，笑起來還像個小孩，非常可愛。

所以說，如果你以為她的房間也會很搖滾或重金屬，那可就錯了。她的房間完全顛覆大家的想像，不僅書、CD與DVD排列得整整齊齊，活像是個文學少女的房間，連

與母親詠子（右）同坐在自家客廳中。母女二人皆為X JAPAN樂團的粉絲。

房間約為6塊榻榻米大。不同主題的書，分別放在不同書櫃中。做筆記時「要留意這份筆記能否讓你日後腦中可以浮現當初上課的情景？或你能否依據這份筆記來教會其他同學？這麼做還可以引發你做筆記的慾望。」

服裝的風格，都跟第一次在校園遇到她時截然不同。書櫃上除了擺著歷史、文學及娛樂小說，還有她們系上要用到，與宗教有關的專業書籍。

一如往常，拍攝完房間，我們也請教她是如何考上東大的。

「我從小學開始就討厭上學，到了國一、國二，我幾乎完全不去學校。沒錯，我正是別人口中所謂

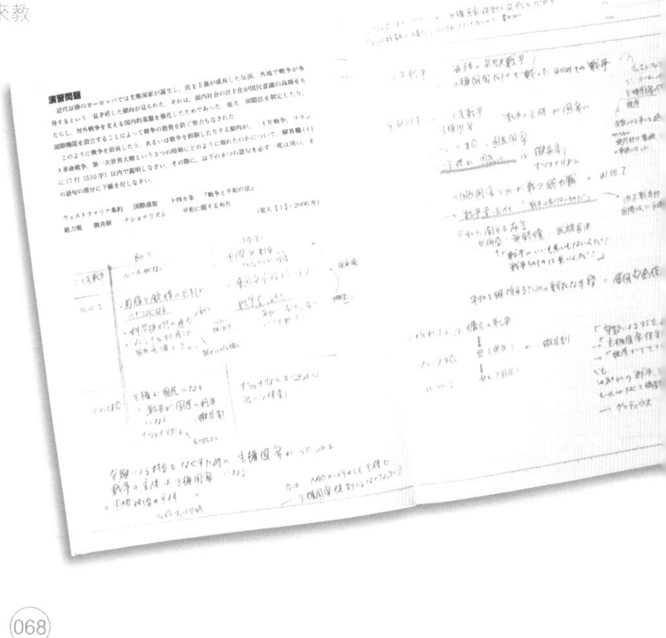

『拒絕上學』的小孩。國三春季到12月那段時間，由於考慮升學問題，才勉強到學校去上課，其他時間幾乎都待在家自己看書。」

渾身散發開朗性格，她會有這樣的過去，實在令人覺得匪夷所思。一問之下，才知道她小六起便不愛去學校。問她原因是什麼呢？她說：

「我不去上學完全跟人際關係或自閉無關，純粹只是因為我討厭學校要求學生，在既定時間做既定的事的做法。國中時，我問老師一個入學考試範圍內的問題，沒想到老師居然答不出來，讓我徹底幻滅，覺得自己在家自習可能還學得比較多。話雖如此，我可是都有認真到補習班報到喔！」

面對這樣的情況，媽媽詠子又是怎麼處理的呢？

「我相信孩子會不想去上學，一定有她的理由，所以我不會強迫她到學校去上課。而補習班老師的教學方式，感覺比較像大哥哥，所以她跟補習班老師的感情反而還比較好呢！」就像這樣，她到教學嚴謹的補習班上課，並且在家自習。

東大考試三個星期前突然罹患椎間盤突出

她高中時考上國立升學高中，成績十分優異。她說：「我拿不喜歡念書的哥哥、姐姐當借鏡，警惕自己最好多念點書（笑）。」她東大模擬考的成績，不是A就是B。

「我從國中起就立志要上東大，不知道為何完全沒想過自己有可能會落榜（笑）。」好個意志明確又

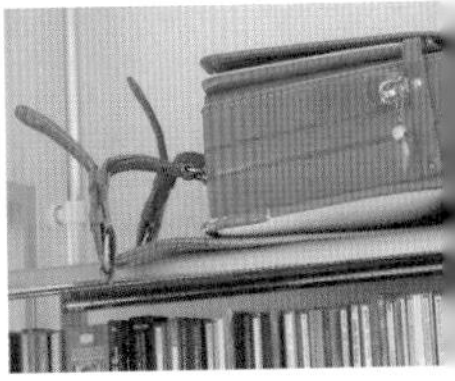

擺在書櫃最上層的是「媽媽捨不得丟掉的小學書包。」除書本外，還有包包等其他小東西。無論是書、CD或DVD，都像隨時有人會來欣賞一般整齊地「陳列著」。

堅定的輟學生啊！

不過，突然其來的苦難卻降臨在她身上。大考一個月前，有一天，她的腰部忽然一陣劇痛，痛到整個人都站不起來。

「這個病叫做椎間盤突出，痛起來真的是要人命。考試前10天，我到東大醫院麻醉科去接受神經阻斷注射手術，但手術後我依然痛到坐立難安！」

發現XJAPAN的公仔！看得出來她相當珍惜房間內的每一件東西。每月收入包括：零用錢30000日圓＋打工收入約25000日圓。

於是，媽媽急忙連絡東大，希望「能讓她在床上應試」。雖然獲得東大的同意，但最後考試那天，她還是硬著頭皮坐下來應試。好在一切辛苦是有代價的，她說，

「當時，我完全沒時間感到不安，只希望能擺脫這惱人的痛楚。話雖如此，我還是不覺得自己會落榜（笑）。」不出所料，後來她順利接到合格通知單。

由於總是傾聽朋友訴苦 因此覺得可以擔任諮商師

談到自己的性格，她說，

「我不愛團體行動，所以也不認為人有階級之分，算是別人眼中的邊緣人吧。」

最近，由於幫助朋友解答疑難雜症，有人稱讚我：「我覺得妳還蠻適合當諮商心理師的！」讓我認真地想朝這方面發展。具體來說，我想先到醫學部研究所念護理系，再考精神保健福祉士執照，成為諮商心理師。

靠著自學進入東大，一路走來雖然不是很順遂，但卻讓她更懂得體會別人的痛苦。相信她一展長才的日子，即將來到！

考試當天，因為我椎間盤突出的病尚未痊癒，所以媽媽的條件是「必須讓她在隔壁的房間待命」。「當時我很擔心她的身體狀況，覺得她根本不適合參加考試。」詠子說。

18

自小學起培養精闢思考力。讓人忘卻煩惱，發現學習本質的家。

日高 翔

現在要念書時，還是會去客廳。
有幾把愛用的吉他，還有花花草草。
起居室裡排滿美酒與高級酒杯。
伸手所及，盡是自己所喜愛的事物，
他在獨特的空間裡，訴說著自己的應考之道。

從小就一直在這個客廳念書。看書、念書、聽音樂……回到家就喜歡窩在這裡。放有幾把愛彈的吉他。

到能回答小學生「為什麼？」的補習班去補習

日高同學坦言說：「國中時，我的成績大概是二三五人中的第二〇〇名，不過我非但不在意，而且還過得十分悠哉。」這樣的名次，考生們聽了一定會信心大增吧！成績這麼爛的人，究竟是何時產生考東大的念頭的呢？

「回頭想想，先不管成績好壞，我發現自己非常清楚知道讀書的樂趣何在。

因為小學時，我們的補習班老師，都會很認真回答我們所提出的「為什麼」。作為一個小學生老

師，最重要的任務，就是要教會學生如何思考，運用頭腦及訓練感受力。日高同學小學時去上課的補習班，據說在這個部分花了很多心思。後來他參加國中考試，進入升學高中——聖光學院就讀。

國中時由於父母離異，他跟媽媽住，「跟爸爸距離變遠，反而感情變好。我們經常見面，很多事情都會受他影響。」他如此說。

「國中考試，只要一個不小心，成績就會掉到倒數幾名。原本想，直接用這樣的成績升高中也沒關係，沒想到爸爸鼓勵我，『成績若能擠進二位數（即99名）以內，就要買台電腦送我』，於是我卯起來念書。」（最後他低空飛過，考到第96名，不僅得到電腦，也開始對念書產生興趣。）

放棄成為保齡球選手的夢想 立志考上東大

升高二時，日高同學進入學年成績前40名才能就讀的班級。

「時序進入秋天，由於身邊的同學都很用功，我受到影響，也開始投入考試的準備工作。報考東大的想法，大概也是這個時候產生的。」

叔叔是東大校友也是法官，而爸爸連東大都沒考上，讓他覺得「老爸遜斃了……我一定要考上東大！」

（上）讓我們來瞧瞧他上課的包包裡都裝了些什麼。有兩支手機，分別用來打電話及傳簡訊。隨身攜帶牙刷。還有社團用的樂譜。在某間補習班打工，所以他的補習班文具特別多。（左）模擬考被判定為D的通知單。「很多人雖然成績判定很差，但最後還是順利考上喔！」

PROFILE

學部・學年
文學部行動文化學科3年級，應屆上榜。

居住風格
與家人同住在橫濱市的透天公寓。

參加社團
FGA（FOLK GUITAR ASSOCIATION民謠吉他協會）

家人	血型
母（老師）	B型
出生地	畢業高中
神奈川縣橫濱市	聖光學院（橫濱市）

工讀狀況
補習班老師時薪1500日圓，家庭教師時薪2500日圓。

興趣
彈貝斯。因跟家人住，所以彈貝斯不會影響別人。

喜歡住處的優點？
裡面擺了很多東西，感覺很像雜物間。

畢業後打算朝哪方面發展？
希望最後能自己開公司。

原本他的夢想是成為保齡球選手，他擁有三顆保齡球，並且在專業的老師門下學習，後來他聽從爸媽的建議，決定放棄打球，自高二起全心準備考試。父母只有在這段時間出過意見，後來就不管他了。有什麼問題，也頂多回他，「你想念哪一所大學就去念那一所吧！」

做學問的目的是為了找到自己

立志考東大的同時，他也不斷地在思考「參加考試究竟有什麼意義」。「不管是登載考試情報的雜誌或補習班的文宣，內容無不在煽動考試戰爭，到處充斥著暴力廣告，讓人覺得參加考試與找工作，通通都是在打系統戰。」根本找不到他要的答案。就在此時，他突然看到一句讓他很有共鳴的話，那就是「學會正確的學習方法！」

例如他發現，「念世界史的目的，並不是為了知道世界發生過什麼事，而是要我們在學習中了解自己是怎樣的人。」

「到東大學世界史的目的，不是為了得到世界史的知識，而是希望從歷史中，學會如何看待一個人。因此，我們一定要確實認清學習目的。」由於他找到想要的答案，因此才看清楚未來的路。想必是小學時底子打得好吧！

有這種想法的人，參加考試才有意義啊！

玄關一進來就是他的房間。右為貼在房間門口的畫「這是我讀幼稚園時畫的，不知道為什麼一直貼到現在。」

房間角落東西堆得亂七八糟，書、漫畫、包包甚至鞋子都堆積如山。每月收入包括：零用錢30000日圓＋打工收入約50000日圓。

19

打從幼稚園起就立志要當獸醫。家人的力量是她的後盾，全心全意、奮發努力女孩的家。

庄野 舞

不同於正規東大生，她的高中成績平平，
曾經因為無論怎麼補習，成績都不見起色而煩惱不已。
不過，她明確知道自己「未來想要做什麼工作」，
這一點倒是與一般學生截然不同。

PROFILE

學部．學年
教養學部理科二類2年級，應屆上榜。

居住風格
與家人同住在橫濱市的透天公寓。

參加社團
管樂社，負責長笛。

家人	血型
父（機械製造公司員工）、母（企業翻譯）、祖父母	AB型
出生地	**畢業高中**
神奈川縣橫濱市	菲利斯女子學院（橫濱市）

工讀狀況
在麵包店賣麵包，時薪1000日圓。曾當過補習班講師。

興趣
長笛、鋼琴、音樂鑑賞、看書。

喜歡住處的優點？
裡面都是書，重視擺設。

畢業後打算朝哪方面發展？
想從事與動物有關的工作

在父親佑二、母親美奈子，及住在二代宅隔壁的祖父與祖母山田園子，還有貓（右下，因緊張而未出現在集體合照中）的包圍下長大成人。「在我準備考試時，家人什麼都沒說。我在念書時，大家都很安靜（笑）。」她開朗地說。

家裡有兩台鋼琴。
不論我們如何拜託，請她讓我們拍彈鋼琴的模樣，她都以「我很害羞，不行啦」為由而婉拒。拒絕技巧高明。

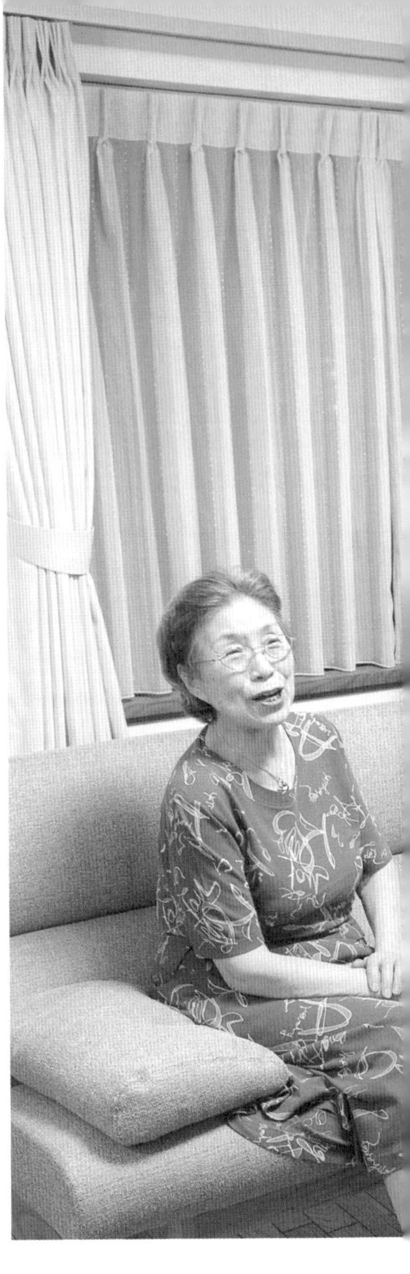

為了考北海道大學而去補習班補習，沒想到身邊的同學全是想進東大的學生。

我們常聽說，許多考上東大的女生，都是從小學一帆風順走過來的，不過在本篇登場的這個女生卻是個例外。

一般的學生說到考東大，一定會先選自己比較可能進得去的科系「讓自己先擠進東大的窄門再說」。不過，她「打從念幼稚園起，就一直很堅定，立志要當獸醫」。

獸醫這個領域屬北海道大學最有名，所以她找了一家在招生簡章上大肆宣揚「有○位考上北海道大學」的補習班補習，進去後卻發現，裡面的高中生根本都是以考東大為目標。

補習班的老師也建議她考東大，還鼓勵她說：「妳只要稍微努力一下，就能上東大喔！」雖然她心想：「這根本就不可能。」但因為身邊沒人想要考北海道大學，再加上補習班的課都是以東大為目標，所以等到回過神來，她才發現自己已經加報了東大。

雖然以她的成績要考上東大確實不容易，但她非常努力，連媽媽美奈子都忍不住要誇她讀書認真，「認真的程度令家人都很驚訝，是個非常努力的孩子。」在準備考試期間，她在父母親的眼中，究竟是怎樣的呢？

爸爸佑二說：「說真的，她真的非常用功，讓我想說自己是不是也該跟她一樣用功才行（笑）。聽到她說要報考東大，真的讓我覺得好了不起。」爸爸一邊笑著，一邊拼命誇讚女兒厲害。接著一句「我太太是挑補習班老師及鋼琴老師的高手，這點你可能問她會比較清楚。」把問題讓給媽媽來回答。媽媽說：「我們在挑選老師上還算蠻幸運的！往往我才在想某個老師好像很不錯或○○補

「她已經遇到值得信賴的老師，我們做父母的只要靜靜地守在她身旁，什麼都不用做（笑）。」母親說。

習班似乎挺棒的，就會剛好遇到願意拉拔我女兒的好老師，耐心鼓勵我這個煩惱書念不好的女兒。」這或許表示女兒一直都很有老師緣，她才會變得比較愛念書。她本人則說：「許多老師對我的影響都不小，其中又以鋼琴老師及補習班國文老師對我影響最大。他們是不會以成績來評斷學生好壞的老師，每當成績不理想，我去找他們商量，總能得到許多寶貴的意見，進而化為讀書的動力。」（看來，她到現在都很感謝以前的老師喔！）

小時候的鋼琴課幫助她突破考試難關

我最愛房間這扇有個小平台的窗戶，「上面擺滿各種具有舒緩情緒效果的療癒小物。」

她從幼稚園到高二都很認真地學鋼琴，爸爸認為，「她小時候練鋼琴時，也是一把眼淚一把鼻涕，後來還是學得很好。透過學鋼琴這件事讓我們知道，凡事只要肯做，就一定做得到。她參加大學考試時心裡應該也明白，只要自己夠認真，就應該能上榜！」努力學鋼琴進而獲得肯定，這個成功經驗，對她參加東大考試非常有幫助。

在一旁聆聽的母女點頭如搗蒜：「原來如此！原來是這麼回事！一定是這樣沒錯！」對於爸爸的話深表贊同。

相信凡事只要努力，沒有什麼克服不了的，但是對她來說，人生首次的挫折，居然以料想不到的方式出現。那便是上東大後的第一堂課所帶給她的震撼。「聽不懂、跟不上、死定了」負面的想法，在腦中蔓延開來。考上的喜悅，不一會功夫就被吹得煙消雲散，心裡十分害怕「未來是否有辦法在這個學校存活下來？」

之前受訪的學生，每個人似乎都很享受東大的生活，所以聽到這個「考上立刻受到打擊」的經驗，還

（上）這層放的是參加大學考試時，用過的幾本比較重要的參考書。（右）愛聽的CD與愛看的書。喜歡漫畫《愛心動物醫生》及遠藤周作、井上靖與江國香織的小說。文庫本會反覆翻到書變得破破爛爛。

鑾令人訝異。

大約有一年半的時間，她都是在這種戰戰兢兢的心情下度過。到了大二下學期某一天，她才突然豁然開朗，心想「我到底是為了什麼來東大的啊？」她進一步說：「當我告訴自己，課業再難都無所謂，只要跟得上進度就好了，這時，我的心情就變輕鬆了。」這樣的結果，

以粉紅色為基調，充滿女孩味的房間。每月收入包括：零用錢35000日圓（不含手機通訊費）＋打工收入約20000日圓。

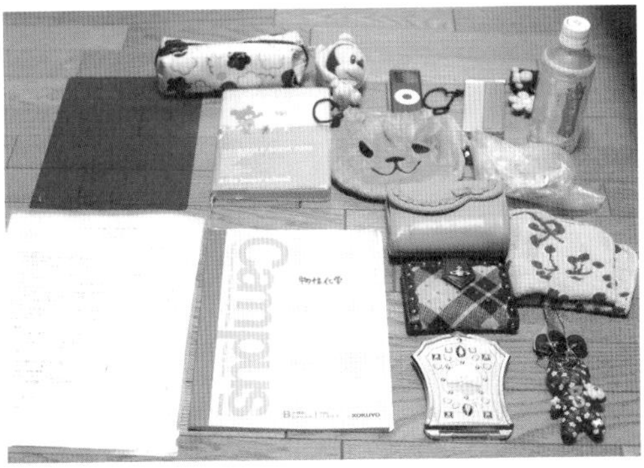

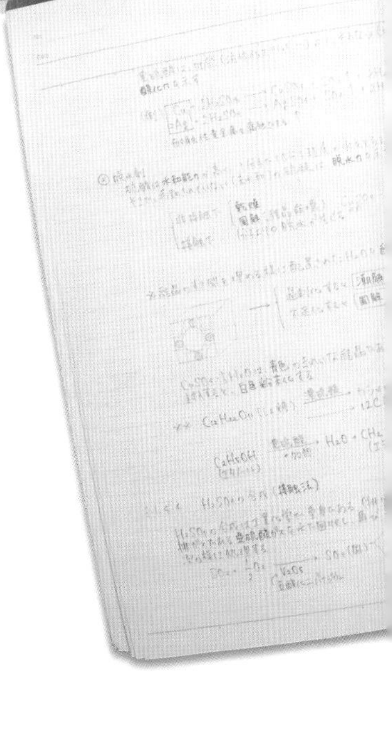

（左）包包裡裝了偏頭痛的處方藥，真讓人擔心她的健康狀況！（中）小首飾都有條不紊地收納在首飾盒中。（右）「我的筆記超亂的啦！」她說。

相信也因為她凡事不逃避，持續去找答案，所以才能得到。

媽媽說：「最近她在家比較常笑了。」

理科學生約有9成會繼續念研究所，但她卻決定，「不繼續念研究所。因為我知道自己不是當研究員的料。我比較想要從事能接觸人群，到處跑來跑去的工作。」

總是很清楚知道自己想做什麼，也勇於接受自己心態上的轉變。此時此刻，她與家人的臉上都洋溢著滿足的笑容。

東大特有的升學系統「進振」究竟是什麼？

東大生經常掛在嘴邊的「進振」，在其他學校的大學生耳中聽來，真是一頭霧水，經常有人問那是什麼?! 東大學生在大二升大三之際，必須決定要念的學部學系。也就是上大學經過一年半左右的時間，才能選擇自己未來兩年要讀的專業科目，而這個特殊的升學制度，便叫做「升學進振」（分系）。

如果你問東大學生，「東大哪裡好？」半數以上的人會回答你「進振制度」。但是也有不少學生因為自己「進振的分數不足，無法選擇自己想要念的科系」而懊惱。

這個讓人又愛又恨的「進振」，是「升學進振」的簡稱。大三、大四要念什麼學部學科，大概在大二夏季到秋季這段時間就會知道，是東大獨有的升學系統。

東大要求大一、大二生全都必須接受前期課程，且全都隸屬於「教養學部」，教養學部分成：文科一類、二類、三類，理科一類、二類、三類等六類。

從本書的學生個人資料中，大家就不難發現，東大的大一、大二生所隸屬的學部學科，都在教養學部的六大類別中。接著到了大二的夏季～秋季，再依學生「在大一、大二時是否確實修完學分＋考試成績的總和分數」來判斷每位學生升上大三時，能進入什麼學部學科。

成績排名不對外公布，學生可能擠不進想讀的學科

由於每一個學部學科的招生名額固定，成績排名也不會對外公布。所以如果成績進不了自己想讀的學科，就只能更改自己的志願，或留級等明年再來。

東大校區有二個，大一、大二生要到目黑區駒場的駒場校區上課，而升大三後，上課地點則換到文京區本鄉的本鄉校區。所以說，很多學生在升大三以後，就會搬到本鄉校區附近去住。其中比較慘的，就是明明已經順利進入自己所希望的學科，卻因某個學分被當，而必須專程補修學分而千里迢迢來回駒場校區上課。這便是東大生人人聞風喪膽的「重返駒場」。

總而言之，進振制度存在的目的，是為了讓學生不要憑感覺就隨便進入某個學科就讀。校方認為這個制度不僅能讓學生更用功，也比較不會翹課。話雖如此，聽說東大生的翹課率還是蠻高的，難怪到了進振那段時間，會看見那麼多學生在哀嚎。

本鄉校區的代表建築「紅門」為國家的重要文化資產。受訪的大二生大家都一臉不安地說：「這本書出版時，剛好我們學校會公布進振結果～」不過，在我看來，他們的心情應該像這扇紅門般，潛藏著喜悅吧！

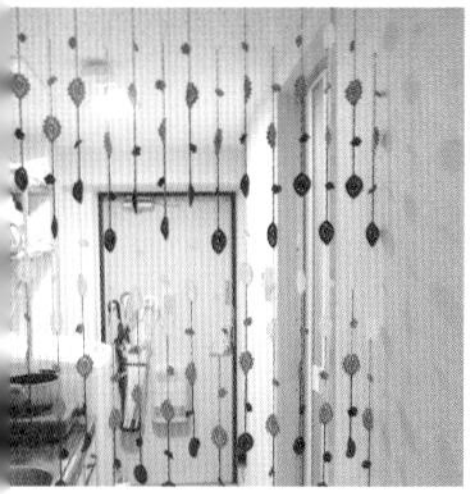

5章

京大生的房間

1 京大生・一個人住

2 京大生・一個人住＋住家裡

3 京大生・合租

模擬考偏差值80的高材生，喜愛源氏、新撰組與寶塚的氣質才女的房間

柿下 沙由理

從高二到畢業，成績一直名列前茅。
一頭烏黑的長捲髮，配上BURBEERY的裙子，
言談舉止慢條斯理而優雅。
接下來將深入為各位介紹，
我們在京大找到，如假包換的文學美女生活。

學部·學年
文學部國語學暨國文學組2年級，應屆上榜。

居住風格
單身住在左京區。
公寓套房附廚房，租金＋大樓管理費63000日圓。

參加社團
居合道社※（學習如何自衛的社團）

家人
父（汽車相關公司的職員）、母（家庭主婦）、妹（國中生）、祖父母

出生地
岐阜縣大垣市

畢業高中
岐阜縣立大垣北高中（大垣市）

血型
O型

工讀狀況
在超級市場的贈品處工作，時薪850日圓。

興趣
寶塚歌劇、歷史小說。

喜歡住處的優點？
粉紅色與草莓看起來很協調。

畢業後打算朝哪方面發展？
從事與源氏物語研究的相關工作。

她是從平安時代來的嗎？當今難得一見的文學才女

我遇見了一位如假包換、在日本堪稱瀕臨絕種的文學少女。聽她朋友描述時，我一度還懷疑自己的耳朵，心想，這個時代怎麼可能還有這種千金大小姐存在。

這裡說的千金大小姐，並不是說她家裡很有錢，或活在上流社會、與世隔絕。而是

排列在書架上的是歷史小說，和居合道社成員的團體照。最近看的書全都是和歌（一種日本詩歌）與古典書籍。很喜歡探訪京都的歷史遺跡。

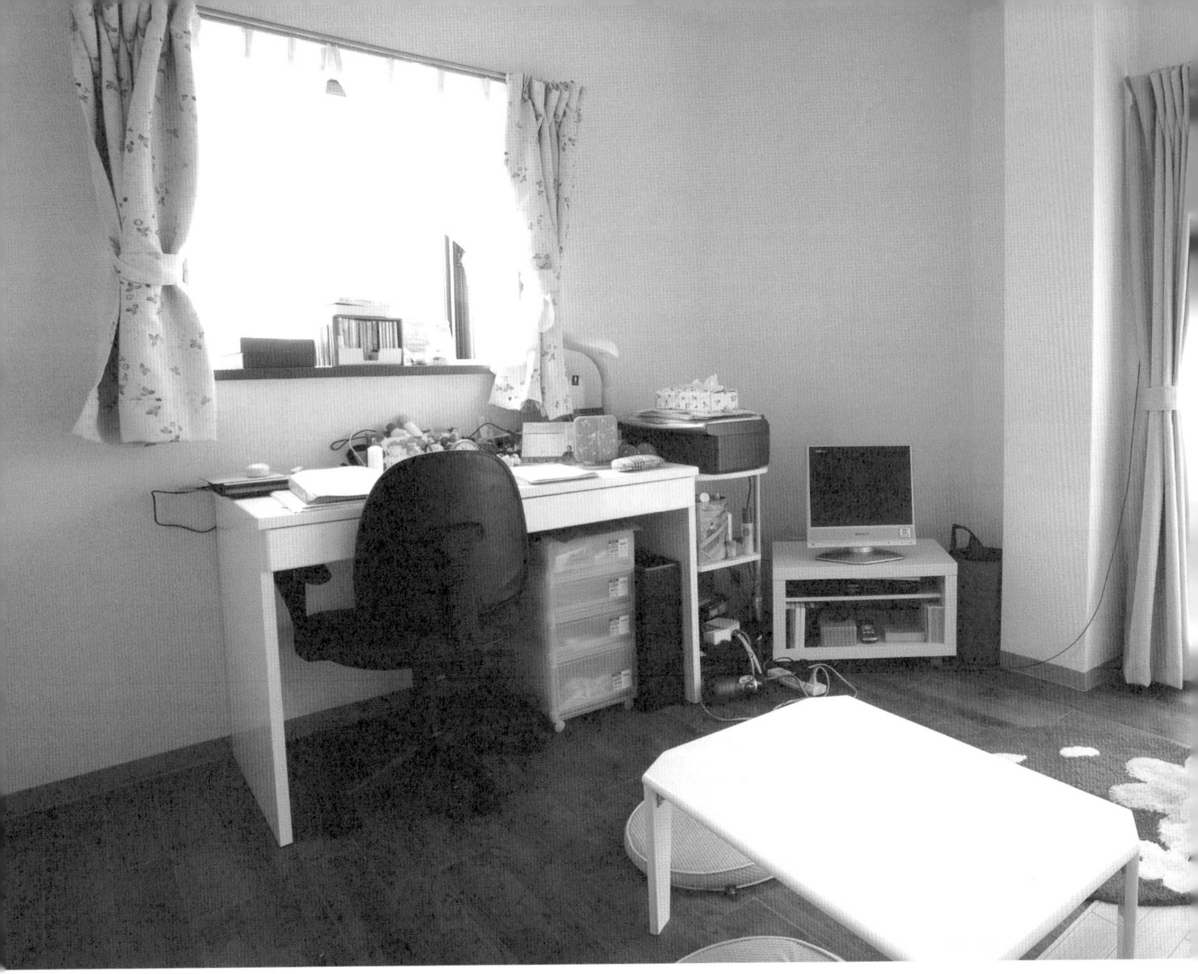

因她不管在言談舉止、用詞遣字、說話方式、內容、回答問題的風格，甚至是書信或文章的撰寫，全都那麼地溫柔有禮，渾身上下像一縷微風般令人悠然神往。連房間的風格也給人相同的感覺。

從高二起，成績就一直名列全班第一，參加一般的全國模擬考，偏差值更是高達80左右。選擇京大的原因何在？

「因為我一直希望能念京都的大學，想住在京都並在京都念書。」

受訪時，她幾乎不主動說什麼。對於我提出的問題，她則會先仔細聽完，稍事停頓後，再緩緩說出答案。因為她話不多，所以我只能不斷地對她提問，以獲取更多的情報，而她對於我的疑問，總是以沉穩的聲調來答覆。

房間裡有許多本《源氏物語》、《新撰

喜歡做菜，去學校都會自己帶便當。朋友們甚至笑說：「現在京大會自己做菜並帶便當到學校上課的女生，應該只有她吧！」甚至還會做些油炸物及麵包。她認為「因為自己做菜、一個人住，要自己去採買食材和生活用品，所以會比較有經濟觀念！」

組》及司馬遼太郎的小說，還放著寶塚歌劇團明星的照片，她顯然是個歷史小說迷。第一次看《源氏物語》是什麼時候？

「第一次看時是小學五年級，我就深受感動，後來才知道它是本許多學者都在研究的文學作品，從那時候起，我便產生一股強烈的慾望，希望自己未來能到京都研究源氏。」

不會吧？哪有人10歲就已經決定未來要「從事源氏的研究工作」呢！喜歡源氏，所以她的日本史成績表現優異，後來更因為去看源氏的舞台劇，而成為寶塚劇團的大粉絲。另外，也因為新撰組的小說，她也迷上土方歲三。

很珍惜寶塚巨星的照片，還有生日時朋友送的「ひこにゃん」（HIKONYAN）公仔（日本滋賀縣彥根市的吉祥物）。

桌面擺設。電腦桌布上高杉晉作的花押※，是她去山口縣小月的東行庵拍的。

※花押，是一種簽名方式，是取姓名中的一至二字連筆速寫、交錯相疊，有時還會加入一些符號，因此形狀千奇百怪，帶有藝術性，常用於書法作品中。

高中參加的社團是文藝社，上了大學後，為了追求武道之美，選擇進入居合道社，並在賽事中擔任副將。

目前的興趣與嗜好，通通都是她自小培養的，除了會以念書或閱讀來提升自己對一個興趣的了解，上了大學之後，她開始進行更深入的研究。畢業後她想繼續念研究所，希望能窮盡一生的心力來研究源氏。

如此從一而終的女生，在他人眼裡或許會覺得不可思議，但對她本人來說，卻是再自然也不過的事。如果人的一生，能只專注在某件事上，那真的是很幸福呢！

第一名的煩惱就是必須承受被超越的壓力！

問她當初是怎麼準備考試的，她的回答是：

「我習慣早上念書，所以我會比上課時間提早1小時到學校自習室念書，然後在晚上12點前，在家約有4～5小時可利用。暑假每天大概念10小時，只念自己比較弱的數學，還有比較喜歡的日本史。」她這麼愛念書是家庭環境的使然嗎？

「不管是父親或母親，我們家完全不會干涉我念書的事，所以我念書全憑自制力。父母的學歷嗎？我爸爸是私立大學畢業，媽媽則是短大畢業，父母與妹妹都不愛念書。」

成績突飛猛進的契機何在？

「多虧我幼稚園到高一時，去功

文式補習班補習。這個補習班不管學生幾年級，只要問題解得出來就能跳級。所以，我從小四起就開始練習解國中程度的試題，哪怕解完一張考卷要花上好幾個小時，我也照做，因為這樣能鍛鍊集中力。」

考試的煩惱有哪些？

「經常擔心被超越，所以壓力很大。」

原來如此。這就跟榮登金牌之列的選手一樣，想要一直維持在顛峰狀況，必須付出相當的努力與心力。優秀的柿下同學，要給大家什麼建議呢？

「最好的做法就是，讓念書變成自己喜歡做的事。參加大考的過程或許難耐，但考上大學，你就能盡情研究自己喜歡的科目，這會讓人很開心。」

想要擁有念書的動力，就要先「愛上」念書。

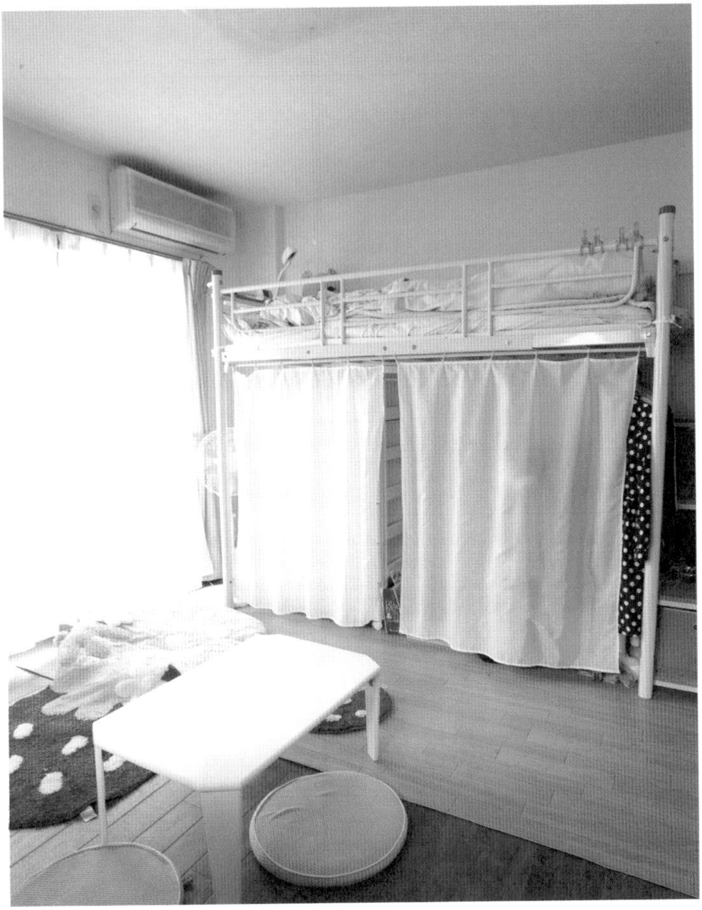

舉手投足都很有氣質，讓人無法相信她是個平成二年（西元1990年）出生，年方22歲的少女。由她的房間可看出她有多喜歡草莓和粉紅色，連廁所都是粉紅色＋草莓。玄關門一打開，粉紅色的冰箱（右下）立即映入眼簾。廚房（左下）經充分利用，櫃子裡塞滿各種義大利麵條及調味料（中）。每月收入包括：家裡匯來120000日圓（含房租）＋打工收入約80000日圓。

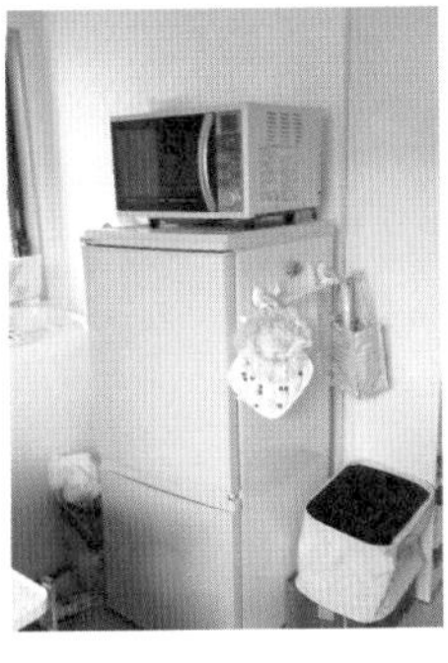

房間整理得有條不紊，地板上完全沒有雜物。放生活用品的櫃子，還刻意用布蓋住。拉開百葉窗，會發現窗外有個大平台，可用來吊掛剛洗好的衣物。

1 京大生·一個人住 21

反東大、喜歡關西腔，畢業旅行時留下好印象。來到京都念書的關東男子的房間

丹下 綾

來自埼玉縣，他當初考試時，
身邊的人全都以東大為第一志願，
眼睛所見、耳朵所聞也全是東大的情報。
他想：「大家怎麼都這麼想上東大，有沒有搞錯啊！」
只有他一個人立志考京大。

PROFILE

學部·學年 法學部3年級，重考一年。	
居住風格 一個人住在左京區。 公寓套房附廚房，租金＋大樓管理費37000日圓。	
參加社團 居合道社。	
家人 父（電力公司職員）、母（家庭主婦） 妹（高中生）	出生地 埼玉縣所澤市
畢業高中 西武學園文理高中（埼玉縣狹山市）	血型 O型
工讀狀況 在日本料理餐廳當服務生，時薪950日圓。	
興趣 唱KTV。	
喜歡住處的優點？ 地點好，離車站近，很安靜。	
畢業後打算朝哪方面發展？ 通過國家公務員I種試驗※，成為行政官。	

※類似台灣的公務員高考，考取後可在政府各行政機關擔任要職。錄取率極低，非常難考。

準備考題較難的京大反而覺得比較有意義

人在關東卻不念東大，反而故意選擇京大，還千里迢迢跑去京都，這樣的學生其實還不少。在關西當地的京大生，非常肯定這樣的作為，不僅對這些遠道而來的學生另眼相待，還表示「有朋自遠方來」而大大歡迎。

丹下同學就是其中一位。問他為何會選

多半在圖書館念書，所以書不會放家裡。大考前常常在便利商店看《JUMP》（漫畫週刊）。

擇京大，他的回答是：

「一開始是因為國中畢業旅行來京都玩，就很想住在京都，看是什麼感覺。另外，在電視上聽到關西腔，讓我對關西很嚮往。

升高三後，心想既然身邊幾乎每個人都是以東大為目標，那就去考京大好了。京大不僅看起來比較有趣，那就去考京大好了。京大不僅看起來比較有趣，查了查考題傾向，發現京大的題目就整體來說，比東大還要難，這點大家應該都知道。我甚至還想，準備難一點的考試，說不定會讓人變聰明呢！」他笑著說。

故意選比較難的學校考……真讓人佩服他的勇氣啊！

一般認為，會故意跑到京都來念書的關東人，要不是天生反骨，不然就是怪人，不知你對這樣的說法有何想法？

刻意從家鄉埼玉縣搬來從小學用到現在的書桌。會不會覺得書桌整潔比較有助於思考呢？「我不這麼認為。」丹下答道。

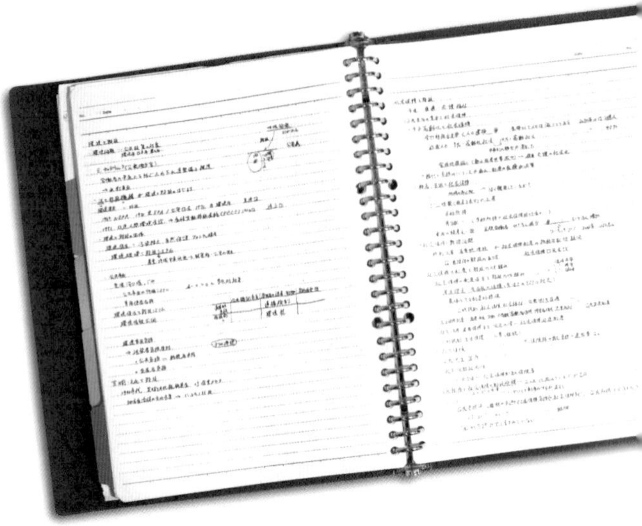

筆記只要自己看得懂就好了。隨意將聽講時心裡想到的事記下，就能做出一本靈活的筆記。

「當然是錯得離譜啊，會這樣想的人都是庸俗之人（笑）。京大不僅學生，連整個學校都充滿個性，隨時都能聽到各種獨到見解，不會人云亦云。不過，這裡的人確實比較大喇喇一點啦（笑），但是怪人多才比較有趣啊！總之我很慶幸自己選擇來京都。」

京大的法學部跟東大有什麼明顯的不同呢？

「京大生進入司法界的人還蠻多的，而東大生則多半立志當行政官，各個學部的狀況或多或少有點不同，不過大致而言，京大生比較偏向當技術者，東大生則立志當決策者。」

立志當行政官 現在又重新成為考生

哪來的勇氣考京大？當初成績很好嗎？

「我的成績超級爛的，高一時常常是全班倒數，級任老師還說我『你這樣下去是不行的！』我才發現『原來我這麼糟！』好在老師這句重話（笑），讓我終於知道要開始念書。」

被老師宣告考不上，他努力從打擊中重新站起來，到了高一第三學期，終於擠進全班第9名。從此以後，開始覺得念書很有趣。高二、高三這兩年，成績一直是全班第二名。

高三那年的夏天，每天幾乎都念10小時的書，還因運動不夠而罹患椎間盤突出。重考時症狀惡化，一整年每個禮拜都要去醫院報到兩～三次。身心雖然因此承受極大的負擔，但他調整心態，告訴自己「這也是莫可奈何的事」，即使是坐車去醫院的時間也猛K英文單字。

「沮喪時會呼朋引伴到家裡喝酒，讓自己重新振作起來。」電鍋、熱水瓶跟酒擺在一起。

目前就讀京大三年級，他又得重新開始每天念10小時書的日子。

「為了明年5月的國家公務員I種考試，我現在正在最後衝刺。」

國家公務員I種考試，就是所謂的行政官，可以請你給考生們一點建議嗎？

「我認為不管是準備考試期間所做的錯誤嘗試，還是建立的人際關

房子的地點好，從三條京阪走過來只要幾分鐘。外觀就像一般的學生宿舍，入內看到右上面的木框玄關門，讓人驚豔，真不愧是京都，好有味道。推開門後看到挑高的中庭，裡面居然有庭園造景（左上）。（右）平常會開伙，他的廚房流理台都整理得有條不紊，讓人見識到他一絲不苟的一面。（左）牆壁上不知為何掛著和服外套。每月收入包括：家裡匯來90000日圓（含房租）＋打工收入約30000日圓。

係，在未來我們出社會時，都會很有幫助。

還在水深火熱之中的考生們，或許會覺得現在的日子很難熬，不過當你考上大學再回過頭來看，必定會覺得這段時間過得精彩又有意義。

現在，我為了準備國家考試而再次成為考生，我相信如果沒有當初參加大學考試的經驗，說不定我會過不了這關。所以說，記得要從許許多多的煩惱中，找出哪些是我們有能力解決的，而哪些又是自己比較不擅長的。

即使是再不擅長的事，只要堅持做下去，終有駕輕就熟的一天。要對自己有信心，一步一腳印地走下去。」

認為三年前艱辛的大考經驗，有助於接下來即將面臨的考試，這個想法相當有深度。

中學時代，因看到京大居合道社的比賽而大受震撼古風男的房間

圓口 雄平

擦拭著淋漓的汗水，
同時很細心地接受訪問，
讓人感受到他的誠懇與直率。待人謙和、
擺出居合POSE時一臉肅穆，
與平常笑嘻嘻的模樣落差很大，是個很有魅力的人。

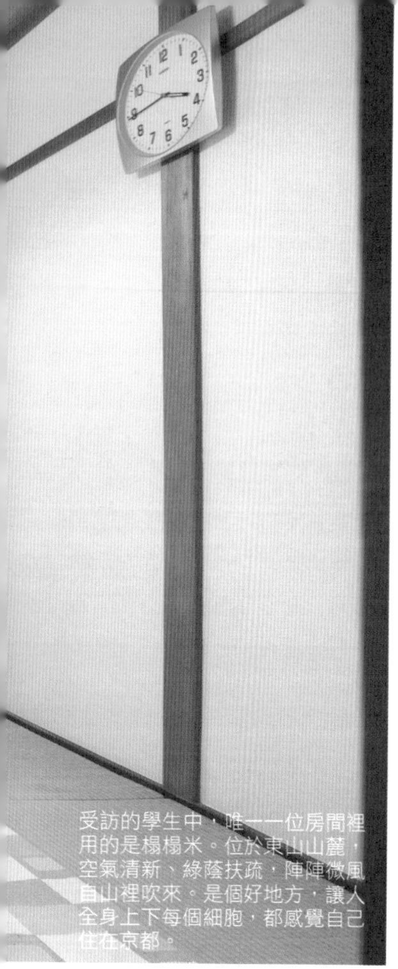

受訪的學生中，唯一一位房間裡用的是榻榻米。位於東山山麓，空氣清新、綠蔭扶疏，陣陣微風自山裡吹來。是個好地方，讓人全身上下每個細胞，都感覺自己住在京都。

PROFILE

學部．學年 經濟學部經濟學科4年級，應屆上榜。	
居住風格 一個人住在左京區。 公寓套房附廚房，租金＋大樓管理費38000日圓。	
參加社團 居合道社。	
家人 父（公務員）、母（家庭主婦） 妹2人	出生地 福岡縣田川市
畢業高中 福岡縣立鞍手高中（直方市）	血型 A型
工讀狀況 在服務社會人士的酒吧當服務生，時薪1000日圓。	
興趣 居合道。	
喜歡住處的優點？ 房間鋪了塌塌米。環境閑靜，租金便宜。	
畢業後打算朝哪方面發展？ 持續練居合道，想報名參加箱根八段大會。	

希望自己允文允武

先前介紹完文學女孩後，這次登場的是和風男孩。圓口同學的風格，應該用古風來形容會比較恰當。

「從過去到現在，不管睡著或醒著，我的生活重心一直都放在學校的『居合道社』。」他如此說。

依據京大居合道社官網上的說明，可知

本來想進文學部，卻因考試科目最後選擇了經濟學部。書分別放在壁櫥及書櫃中，有三分之一都是漫畫。常看司馬遼太郎及村上春樹的小說。

「所謂居合道，是指使用日本刀的武道，過去在武家時代，用來規範武士的言行舉止，現在則為『人格的修練之道』」（節選）。

「居合道可不是單純的兩人對斬喔！比賽時，參賽者手持日本刀獨自上場演武，在拔刀（刀離開鞘）到收刀（刀收回鞘中）的過程中，表現自己的技術與美感。最後裁判舉旗裁決，究竟是那一方的表現比較優異。」他補充道。

國中時，他在偶然機會下，看到京大到福岡的比賽，於是開始接觸居合道。

「親眼目睹京大學生表演居合道，心中震撼到像電流般竄過。我告訴自己『就是這個，這就是我要的！』一時腦中閃過許多允文允武的人。因為這個緣故，我一直很渴望能到京都念書，到京大去修練自己的居合道技巧。不過，父母及學校的老師都認為我的成績不夠好，所以強烈反對我考京大。」

上高中後，他參加京大的模擬考，成績判定都不理想，幾乎全是E，而且體育也不太好。即使如此，他依然認為，

「既然自己都已經想好了，只有硬著頭皮做下去，而且我對京大的憧憬不減反增。目標既已決定，接下來就要想辦法解決自己的腦袋（笑），所以只能更用功！」完全不顧周遭的反對，一心一意只想考京大。

高三秋季體育祭結束後，跟他同樣報考

名校的同學，紛紛邀他一起念書，因此提升了他的機運。

高三那年夏天，瘋狂地狂K自己很弱的英文

「我能考上京大，全是因為我有一群一起念書的好友。為了追上升學高中學生的進度，我們相互鼓勵，每天下課後至少要念4個小時的書，我們還一起在學校自習室待到晚上9點半關門為止。搭車上學的1個多小時也很寶貴，我們會利用時間互相問問題或背單字。

這群朋友是我很大的精神支柱，當我陷入低潮時，看著大家都在為未來打拚，就會立即振作起來。」

自習室裡有張出席表，

「我為了填滿表上的每一個空格，連過年都跑到學校去自修。反正我在家也念不下書。而且，我還會將目標寫下來，每天看自己的目標。」（如果大家能養成這種好習慣，想必就會全心去念書！而且，事後回想起來，你將會發現念書不僅可以看出一個男生的毅力，本身也是件很過癮的事！）

他的英文不好，高三春季模擬考時，偏差值只有38，想考上京大還有得拚，但他並沒有放棄。

「7、8兩個月，我的心力全放在讀英文。設定一個禮拜完成專為考明星大學而做的練習題庫，之後再重複一而再、再而三的練習。等到自己稍微習慣英文，則每兩天讀完Z會所的一本教材。念到途中，突然有快發瘋的感覺（笑），好在我有設定進入京大居合道社這麼遠大的目標，才得以堅持下去。」努力成果揭曉，9月模擬考的偏差值衝高到70，他領悟到「凡事事在人為」。

話雖如此，他還是沒料到自己真

請他在住家附近「詩仙堂」史蹟的參道表現居合姿態。終於如願加入「夢寐以求的京大居合道社」，現為四段。戰績優秀，分別在第35屆北九州居合道大會四段組，及第31屆東北日本居合道大會四段組中，得到優勝。

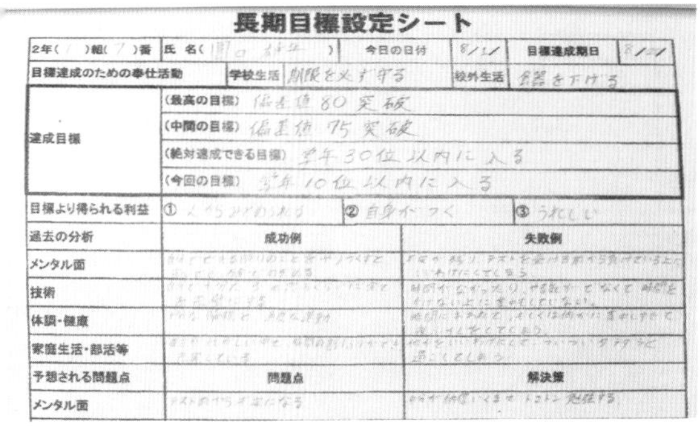

長期目標設定シート

2年（ ）組（7）番	氏名（[illegible]）	今日の日付	8/11	目標達成期日	8/[illegible]
目標達成のための奉仕活動	学校生活	期限を必ず守る	校外生活	食器を下げる	
達成目標	（最高の目標）	偏差値80突破			
	（中間の目標）	偏差値75突破			
	（絶対達成できる目標）	学年30位以内に入る			
	（今回の目標）	学年10位以内に入る			
目標より得られる利益	① [illegible]	② 自身がつく	③ うれしい		
過去の分析	成功例	失敗例			
メンタル面	[illegible]	[illegible]			
技術	[illegible]	[illegible]			
体調・健康	[illegible]	[illegible]			
家庭生活・部活等	[illegible]	[illegible]			
予想される問題点	問題点	解決策			
メンタル面	テストの寸前に不安になる (?)	[illegible]			

準備考試時，國文老師教他做的「目標達成表」非常有用。老師還告訴大家，僅僅是唸書是不行的！所以現在依然把它放在資料夾中妥善保存。

的會考上，所以放榜那天依然去補習班參加模擬考試。誰知一回家，等待著他的卻是考上的好消息。

「還以為是搞錯了呢（笑），我整個人都呆掉了，反而是爸爸媽媽很開心。問我現在覺得怎樣嗎？京大根本就是天堂，我在這裡超開心的，拍胸脯跟大家推薦這所好學校！」

「我每天早上都會擦桌子跟掃地，因平常就有整理的習慣，所以打掃起來完全不費力。」他這麼說。真厲害！連洗手台（中下、左下）附近都打掃得一乾二淨。衣櫃抽屜（右下）裡的衣服收得整整齊齊，容易取用。每月收入包括：家裡匯來100000日圓（含房租）＋打工收入約30000日圓。

1 京大生・一個人住 23

研究森林科學 並且在星巴克打工。生活多采多姿的女研究生房間

中川 沙樹

現在讀研究所一年級，目前課業雖然很繁忙，
還要去星巴克打工，
但她依然沒忘記帶著單眼相機出遊，
她會利用假日去逛美術館或咖啡廳。
這不正是所有女高中生夢寐以求的生活方式嗎？

學部・學年
農學研究科森林科學研究所一年級，重考一年。

居住風格
一個人住在左京區。
大樓公寓套房附廚房，租金＋大樓管理費49000日圓。

參加社團
JUST OUT網球社。

家人
父母（自營汽車相關公司）、妹（大學生）

出生地
滋賀縣彥根市

畢業高中
京都教育大學教育學部附屬高中（京都市）

血型
O型

工讀狀況
在星巴克當服務生，時薪850日圓。

興趣
照相、旅行、泡咖啡廳或逛美術館。

喜歡住處的優點？
讓人覺得很放鬆。

畢業後打算朝哪方面發展？
到公司企業做研究。

成熟獨立的心態豐富了大學生活

拜訪中川同學，跟她聊過目前的生活，我不禁想起一個在80年代前期曾流行一時的名詞「花樣女大生」。

她的生活除了像花般多采多姿，還多了一份知性，她不僅能冷靜看清自己現在的狀況跟立場，同時還懂得從容愉悅地享受每個時光。

京大畢業後繼續讀研究所，她已經到了出社會的時間。即使因為還在念書，所以經濟上還仰賴父母援助，但她在精神上不僅獨立成熟，也很清楚自己未來要做什麼。

對流行敏感度高，出外旅行時懂得如何在預算內，讓自己玩得精緻又有內涵。她這種生活方式，無異是實現渴望了女高中生的願望，擁有知性而獨立的生活。

她分析自己的性格：「我是那種生性樂觀又大喇喇的女生，個性還算敦厚，凡事不拘小節，做事很難照著計畫走。」話雖如此，她從小學起就對自己的專注力很有信心，

將零散雜亂的紙張收藏在整理箱中。書很笨重，所以除非是非常想留在身邊，不然我都到學校的圖書館去借來看。

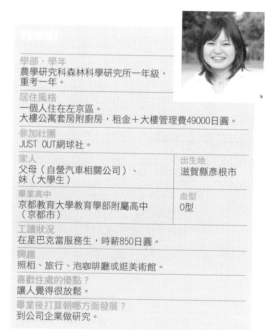

電腦桌跟書桌都很低，不僅比較不給人壓迫感，也會讓空間看起來比較寬敞。「我希望能以自然的方式，打造出自己喜歡的沉穩空間」她這麼說。

或許就是這份自信才讓她考上京大。

過去在人生中是否遭遇過什麼挫折？

「參加國中入學考試時我落榜了~心想，我那麼會考試，怎麼可能落榜？真的好不甘心！」所以從此之後就變得很用功。這個挫敗讓好強的她顏面盡失，但對於她後來的人生其實還蠻有幫助的！

她參加國立大學附屬高中的考試，並順利考取。但從她家彥根市通車到學校，大概要花兩個小時，所以她一度猶豫要不要去念。在家人及周遭親友的極力勸說下，她最後還是決定去念。想考京大是因：「同學都說要考京大，我想說考上有伴，那我也去考一下好了！」

能考上京大，則是因「身邊一直有個全國模擬考成績名列前茅的同學陪伴的緣故，她給我很大的刺激。這種人跟大家想像的有點出入，她們不是那種成天只會念書的書呆子，而是精通十八般武藝的聰明人，讓我非常尊敬！」看著河合塾補習班發給學生的文宣，成績優秀者名單中，好友的名字大喇喇地刊登著，於是我告訴自己：「我也要開始念書。」

選擇進理科，是因補習班的物理老師上課實在太有趣，所以即使她對數學沒什麼自信，依然認為考自己有興趣的科目比較好。

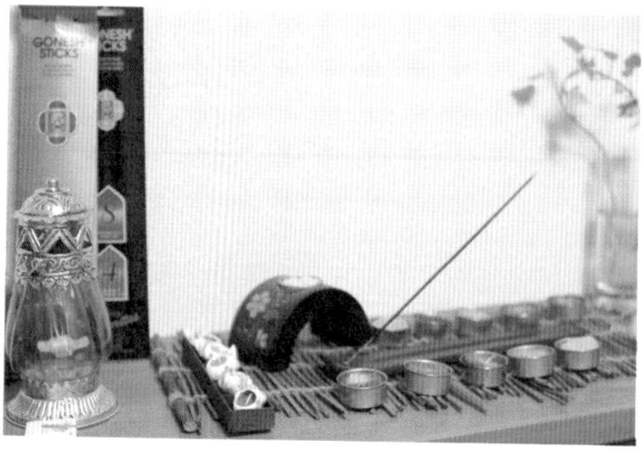

喜歡芳香療法。很多女生一個人住以後，就會開始用些香香的東西，她也是很著迷。「房間本來就是讓人放鬆的空間，念書的話，就在學校念啊！」

房間的角落巧妙地擺上首飾、文具及一些小東西作為佈置，小角落到處可見洋溢著女生的感性。

高中畢業那年因沉迷阪神虎球隊因而付出慘痛代價……

高中畢業那年她只報考京大，結果不幸落榜。雖然成績原本就不理想，早料到可能要重考，但主要的原因還是當時她正在瘋別的東西。

「我是阪神虎的球迷，二〇〇三年在星野仙一總教練指揮下，時隔18年阪神虎再度獲得優勝，那年剛好就是我考大學的時間。當時所有球星及阪神隊的選手一個接著一個出現，補習班的課當然是被我翹掉啦（笑）。秋季前，我成天守在電視機前看比賽~。」

出現了，我們常聽說，一旦阪神隊顯神威，關西人便會沉迷棒球，甚至上班也不去，沒想到居然還有人連上課都不去。她重考那年，阪神戰績變弱，她才將注意力再度轉回書本，於是順利考取。順道一提，聽說阪神隊的球迷，習慣性會把所有責任都賴給阪神隊（笑）。

研究所的課業如何呢？

「主要是在研究日本林業現況、樹木組成、木材的組織構造、木紋、木頭的特性，強度適不適合用來蓋木造建築等等。我認為選擇理科的人，最好有心理準備，要繼續念研究所。因為絕大多數的理科畢業生，都會進研究所做更深入的研究，這樣對未來找工作也比較有幫助。」她還補充：

「京大怪人超多，是一間很有趣的學校，包準你會大開眼界！」訪談就在她活潑的邀約聲中結束。

（上）由玄關可看穿房間。（右下・左下）廚房及浴室、廁所都打掃得很乾淨。（中下）經常自己開伙，所以廚房小東西很多，可愛且井然有序。每月收入包括：家裡匯來100000日圓（含房租）＋打工收入約30000日圓。「家裡匯來的錢不多，一定要努力打工才行。」

1 京大生‧一個人住＋住家裡 24

考試之神降臨！猜中當天考試的考題，幸運考上的男子房間

岩澤 佑典

約好在哲學之道見面，他踏著輕快的步伐出現在我眼前。眼睛細細長長的，身體沒有多餘的贅肉。在居合道大會上經常獲得優勝。

他聲稱：「成績不好也沒關係，
像我會考上京大就是矇上的。」
這麼幸運的事，究竟是怎麼發生的呢？
為了探索真相，我們決定到他京都一個人住的家及兵庫縣的老家去走訪一下。

兩房外有一條走道，空間十分寬敞。附大面窗戶、獨立廚房、鋪木質地板，浴廁乾濕分離，大門自動上鎖，設備相當完善。

自己一個人住
過著與人交往頻繁的京大生活

這位同學住在一棟坐落於綠意盎然的時尚大樓裡，從日本知名的觀光勝地「哲學之道」走過來只要2分鐘。

房租是所有受訪京大生中最高，不僅設備齊全、環境清幽，生活機能也很棒，相信一定過得很舒適。

一個人的生活還充實嗎？

「是啊，不僅要去學校上課，還要參加社團，根本沒時間閒著。房間是我放鬆的地方，所以下了許多功夫。我會邀朋友來家裡喝酒，自己下廚，我很享受置身於喜歡事物中的感覺。自己一個人住，很多方面都會跟著成長！」

原來他經常呼朋引伴「到家裡來喝酒」，難怪書櫃上的酒種類那麼多。

京大集結了來自全國各地的英雄好漢，還有很多外國人。

「京大最棒的地方就是裡面的人都很優秀，可以認識許多表現傑出的學長姐和社會人士，從他們身上得到正面的影響。一個人，可以和這些人相處的時間就變長了，想聊多久或喝多晚都沒關係，讓自己與他人的來往更緊密。」他建議，如果想要一個人住，最好住在學校附近。

數學入學考試試題5題猜中2題

為了參加私立國高中一貫校的考試，他從國小就開始接受英才教育，不僅會到升學補習班去上課，還會請家教到家裡來補習。上高中

PROFILE

學部．學年
總合人間學部國際文明學系三年級，應屆上榜。

居住風格
一個人住在左京區。附廚房及餐廳的大樓公寓套房，租金＋大樓管理費67000日圓。

參加社團
居合道社。

家人
父（建設公司主管）
母（家庭主婦）、祖母

出生地
兵庫縣西宮市

畢業高中
六甲高中（神戶市）

血型
O型

工讀狀況
飯店廚房助理，時薪1000日圓。

興趣
居合道。

喜歡住處的優點？
充滿自己喜歡的東西，覺得很放鬆。

畢業後打算朝哪方面發展？
到外資金融機構或貿易公司上班。

一整排新撰組的小說，以及全本知憲、鈴木一朗的書，一些商業書籍，旁邊還有一整排漫畫。每月收入包括：家裡匯來20000日圓（含房租）＋打工收入約30000日圓。

桌面和旁邊都很亂。照爸爸的說法，「我是個怪咖，不但東西用完不會物歸原處，還習慣把所有的東西都往桌上亂丟。」

後，也到補習班去補習。

「不過我的成績很爛，參加京大的模擬考，每一個學部通通槓龜，考上可以說是矇上的。數學入學考試的題目有5題，其中2題跟我在考前練習過的幾乎一樣。看到題目時，我心想，『哇～！上帝顯靈了。』就這樣，吊車尾考上了京大！」不會吧，這樣運氣也太好了吧！不過，運氣也要有幾分實力當後盾，其中一定隱藏著我們看不到的努力。

「我每天都花10個小時左右的時間念書，即使模擬考的成績判定再差，我也不覺得自己一定會落榜。所以我才有辦法不去在意平常的成績，因而照著自己的進度持續念下去。大學考試看的是當天的表現，是當天喔！」曾被幸運之神眷顧過，他說：

「大考當天要發揮多少實力，全看你之前的準備。」

「喜歡與人接觸」和「做事情有想法」是成績進步的主要原因

他擔任京大居合道社的主將，從他的言談舉止中，看得出他是個自

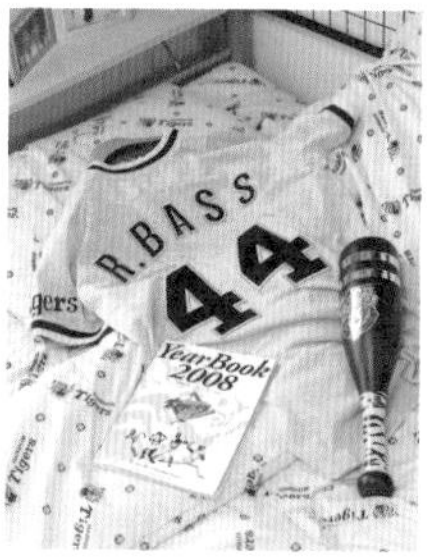

阪神隊的超級大粉絲，枕頭套、棉被套、床單全部印有阪神虎LOGO。棒球周邊商品超多，還有特別訂購的蘭迪·巴斯（Randy William Bass）※制服。

由豁達，但又感覺細膩的人。怎樣的家庭才會孕育出這種個性呢？

我決定到他位於兵庫縣西宮市山手的老家走一趟，與他父母談談。

我想知道，從父母的角度來看，這個兒子是怎麼考上的。

父：「他從小學到高中，與老師的關係都很不錯。不僅不會討厭老師，而且與每個老師講話都很誠懇，所以老師都很喜歡他。我覺得就是這樣才會讓他這麼有自信。」

母：「他是那種孩子，一旦確定自己想念的大學，就會立即展開行動。因為路是他自己選的，所以無論過程再艱辛，都會咬緊牙關努力前進。」

不曾叛逆過，喜歡聊天，做什麼事都有自己的想法。在父母的關愛及支持下，他才會這麼有自信，也能真誠去喜歡別人。或許就是這些因素，才讓幸運之神降臨到他身上！

※阪神史上最強外援選手，曾拿過兩次三冠王的超強打。

（左上）小學及國中常在廚房凸出來的櫃檯上寫作業。左起為媽媽敦子、爸爸成光。（中右）父母家的房間。映入眼簾的是美國職棒大聯盟的杯組。（中左）客廳的電腦桌區。（下）在家裡客廳觀看阪神比賽。最右邊是前面曾介紹過的丹下同學。問媽媽當初聽到兒子上榜的消息心情如何，她的回答是，「當然很開心啊！你不知道我多認真在幫他祈禱呢，他考上我也很有成就感啊。不過，仔細想想，他自己不努力怎麼可能考得上。我這樣搶功勞，真是不好意思！（笑）」

1 京大生·合租 25

重考三年，與大7生合租公寓。佇立在哲學之道附近的異次元珍奇老屋

森井 章太　　田中 陽兒

京都現在依然保存著許多戰前留下的老建築，這兩位學生的房間，就位於昭和初期的民房中。這個奇幻空間充滿濃濃的京都味，而喜歡住這種老屋的學生則是……

這棟建築物看起來有點古老，感覺很像宿舍，位在哲學之道旁，據說以前是京大校友的宿舍。歡迎參觀京都的異世界～

將昔日的「非主流宿舍」拿來當作復古老宅

森井同學，重考三年才考上，現在就讀農學部；田中同學，重考一年、留級兩年，目前就讀文學部七年級，年齡高居25及26歲，兩人合租了一棟珍奇的木造公寓。

他們在報路時告訴我，「沿著哲學之道走，會看見一間小小的、看起來像旅館的建築物，那就是他們家。」實際走到一看，真把我嚇了一大跳，進門後更是驚人，好一個難得一見的珍奇老屋啊！走入屋裡，打開木門的那一剎那，風味又大大不同。房間的風格比電影《永遠的三丁目的夕陽》（ALWAYS 三丁目の夕日）年代更久遠的昭和初期懷舊風格（西元1926–1945），古老的白色日光燈在房內閃爍著。

專程找這種屋子來住的人，個性想必是我行我素、很有主見。他們說話逗趣，採訪的過程中笑聲不絕於耳。

田中同學房裡塞滿漫畫，像圖書館似的，每一本都井然有序地排列著。房裡有個兩塊榻榻米大的廚

田中同學的房間。書架上全是他收藏的漫畫。右後方為廚房，兩人都會使用，空間中充滿舊時期校外學生宿舍的氛圍。

「聽說這裡曾經是宿舍，你看這個！」他要我看的，沒想到竟是玄關牆面上的電源開關。上面寫著「霓虹燈」。這麼一說，以前的哲學之道確實是霓虹燈閃爍。照片左為田中同學房間的門，怎麼看都覺得很像旅館。中間兩張則為通往玄關大廳的走廊、樓梯及大鞋櫃。右為二樓樓梯旁的欄杆。

房，大小剛好能讓愛做菜的兩人同時下廚。

森井同學的房間位於二樓，除了睡覺會回自己房間，其他時間都窩在田中的房間。

森井有自律神經失調 田中則罹患憂鬱症

看起來過得開心又愜意的兩人，實在讓人很難想像他們過去也有過人生跌落谷底的慘痛經驗，畢竟一個重考了三年，另一個大學念了七年還沒畢業。

森井同學他說：「高三秋季時，我考出來的偏差值只有30，數學還是0分，但因我身邊的朋友每個人都要念京大，所以我從來沒想過自己會落榜。」

第一次重考那年，參加京大模擬考時，我的成績算來是某學部的第7名，心想應該穩上的，沒想到真正考試時還是落榜了。

重考的第二年，身體突然變得不聽使喚，經醫生診斷是自律神經失調，所以我一整年的時間都在跑醫院。因此，即使有報名補習班，但根本無法上課，整天只能窩在家裡。

他回首過去：「現在想想，當初進洛南高中那樣的明星學校，一直活在它的光環下，考試失敗後，風光不再，同時我也迷失了自己。」不過，決定重考第三次之際，「我終於覺悟，自己不能再這樣下去。無論是為了考大學或自己未來的人生，都不能再這樣。後來，我便提

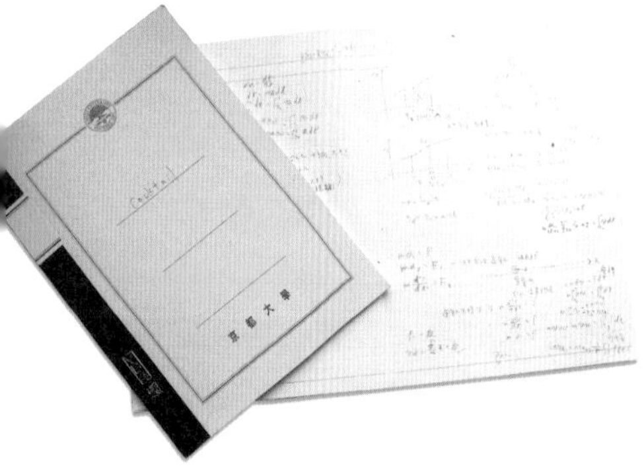

他拿印著「京都大學」LOGO的筆記本給我看，沒想到裡面寫的居然全是雞尾酒的調法（笑）

PROFILE

田中陽兒

學部・學年	文學部20世紀學科七年級，重考一年。
居住風格	在左京區與人合租木造公寓，附廚房，租金20000日圓。
家人	父母（皆為農民）、姐（化學系實驗員）、弟（藝術大學大4生）
參加社團	Low Fat Milk劇團團長。
出生地	靜岡縣牧之原市
畢業高中	靜岡縣立清水東高中（靜岡市）
血型	0型
工讀狀況	調酒師，時薪800日圓。
興趣	演戲。
喜歡住處的優點？	通風。
畢業後打算朝哪方面發展？	希望能成為漫畫編輯。

公用廚房維持得很乾淨，看起來很便利。田中同學的每月收入包括：獎學金120000日圓＋打工收入約30000日圓。

二樓森井同學的房間。從玄關進來，穿過一個沒有燈的置物間，便會看見他的臥房。房裡相當雜亂。每月收入包括：家裡匯來30000日圓（含房租）＋獎學金50000日圓＋打工收入約20000日圓。

起精神，一路衝刺到考上為止。」

原來如此，能夠重新站起來，真是太好了！進了京大覺得怎樣呢？他笑著答說：「棒極了，愛死了。」

相較之下，田中同學的煩惱，反而是上了大學後才發生的。讀書時並沒有吃太多苦頭，順利考上工學部，當初會重考只是為了交女朋友。不過，進了工學部，卻發現周圍的人都好優秀，自己根本跟不上大家，找不到聊得來的人，也交不到朋友，最後因罹患憂鬱症而休學回家養病。

他也想過，重新去補習班補習，

森井章太

學部．學年
農學部食料環境經濟學科四年級，
重考三年後考上。

居住風格
在左京區與人合租木造公寓，附廚房，租金20000日圓。

家人
父（機械製造公司職員）、母（看護）、弟（公司職員）

參加社團 EMBG輕音社、Low Fat Milk劇團。	出生地 奈良縣櫻井市
畢業高中 洛南高中（京都市）	血型 A型
工讀狀況 調酒師，時薪800日圓。	興趣 玩樂團、演戲。
喜歡住處的優點？ 擁有別處所沒有的特殊氛圍。	畢業後打算朝哪方面發展？ 想往廣告、大眾傳播業發展。

攝於家門前的哲學之道。感覺好不搭喔（笑）。

再換個學校念，但一想到要跟人家解釋「明明已經考上了，卻還來補習」，就不敢再往下想，只能每天窩在家裡睡覺。

生病會讓人變得有同理心

某天，因身心科醫師說了一句，「不要再胡思亂想了，如果你覺得自己又要開始想東想西，就立刻來找我，我會給你答案的。」讓他的病情出現轉機。他發現「自己變得很安心，因為他知道有問題可以去找醫生。」「病情好轉時，我驚覺自己再這樣下去，人生就毀了，一定要做點什麼才行。」於是，他重新回京大念書，並由工學部轉到文學部，目前則已經完全康復了。

一開始覺得他們兩個講話都好有趣，一搭一唱，把我逗得哈哈大笑，沒想到他們還有這段不為人知的過去。聽說「京大裡什麼人都有，重考三年跟大學念七年的也大有人在。」果然如此。

現在，他們兩人都表示：「生病會讓人變得有同理心，思考方式也會不同！」看得出這些遠路沒白走，他們已經掌握到人生中最重要的了。

不知怎地，跟他們聊開後，覺得這個房間越待越舒服，這應該是房間的空氣，溶入了他倆人生智慧的緣故！

走廊上鋪滿了小石子，好復古喔！為什麼會選這裡呢？「因為這裡便宜又特別」兩人答道。

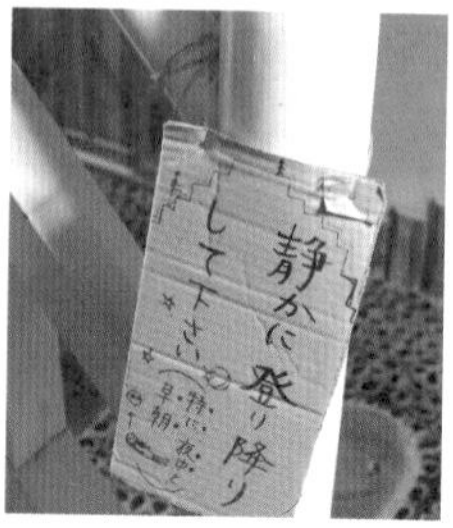

上為共用的浴室。不知投幣式洗衣機為何比外面貴。左為共用的廁所。門跟磁磚的感覺好棒。生活中大大小小的聲音都會傳到每個房間。

6章

東大生・京大生的
合格經驗方程式

我們在本書「前言」曾提過，
曾參與「高中生最想知道的一〇〇個疑問的採訪」，
除了書中出現的31位東大生與京大生，
還包括接受電話或電子郵件訪問的學生，
共計51人。
統整答案後發現，有好幾個題目的答案都大同小異。
讓我們來看看這些人都是怎麼考上吧！

房間乾淨的人，大約只佔一成

我們從「高中生最想知道的一〇〇個疑問」中，精選出25個題目，較能聽到東大與京大生的獨到見解，或是父母最關心的事（詳見下表）。其中有好幾題上榜學生們的回答都大同小異，例如1、2、3、7、8、9、20、21等。

對於「1房間乾淨嗎？」這個問題，幾乎所有人的回答都是：「我和朋友的房間都很亂。」

我們去拍攝、採訪之前，都曾提醒過學生們，「房間維持本來的樣貌就行了。」但大多的學生還是表示「昨天還是大掃除了～」或「反射性地整理了一下～」即便如此，依據統計數字顯示，還是有約五成學生的房間完全沒整理、佈滿灰塵，三成左右的房間有整理、但

1 房間乾淨嗎？
2 你認為頭腦好的人，桌子真的比較整潔嗎？
3 東大、京大的優點是什麼？
4 東大、京大的缺點是什麼？
5 在考試或人生，是否遭遇過挫折？
6 如何克服這些挫折呢？
7 準備考試時，受誰影響最大？
8 準備考試時，父母會囉嗦或要你特別注意什麼嗎？
9 家裡有人或親戚是東大或京大畢業的嗎？
（你認為頭腦好壞跟遺傳有關嗎？）
10 什麼時候開始意識到自己是考生的？
11 想考上的話，高三夏季應具備怎樣的程度？
12 準備考試時，每天看幾個小時的書呢？
13 有什麼克服弱項課目的方法嗎？
14 有什麼提升記憶力的方法嗎？
15 花比較多的時間在預習還是復習？

灰塵很多，一成左右的房間根本是垃圾堆，剩下的一成才是乾淨的。

最不可思議的是，連那些自豪「已做過大掃除」學生的房間，也還是佈滿灰塵。仔細想想，或許這些人在打掃時，根本就沒注意灰塵吧。請大家打掃時別忘了要清理灰塵。相對地，住家裡的學生房間，則多半打掃得纖塵不染，可見媽媽的用心！

「2頭腦好的人，桌子真的比較整潔嗎？」對於這個問題，雖然每個學生的表達方式不同，但所有人都一致認為這樣的說法不正確。不過，有桌面髒亂的學生補充說明：「桌面整理乾淨以後，感覺頭腦好像變得比較靈活。」因此，就感覺上來說，或許我們可以推測，「桌面清爽＝思緒清晰」的結論。

東大．京大最棒的地方在於「聚集了許多優秀的人才」

「3東京、京大的優點是什麼？」大家都很想知道答案。在51位受訪者中有49位都回答：「這裡聚集了來自全國各地的菁英，還有值得尊敬的人及狠角色，能帶給自己正面的影響和良性的刺激。」有人則說「在這裡想做什麼都能馬上實現」（01木戶浦同學．東大）、

16 考前都白天念書，還是晚上念書呢？
17 準備考試時，會不會沉迷於電玩或漫畫？
18 你認為一個人住會比較好嗎？
19 一個人住的優點、缺點何在？
20 現在每天花多少時間念書呢？
21 你認為自己的個性如何？
22 男女朋友也是東大或京大的嗎？
23 請告訴我如何突破考試難關。
24 畢業後有何打算？有什麼夢想或目標？
25 請給考生一點建議。

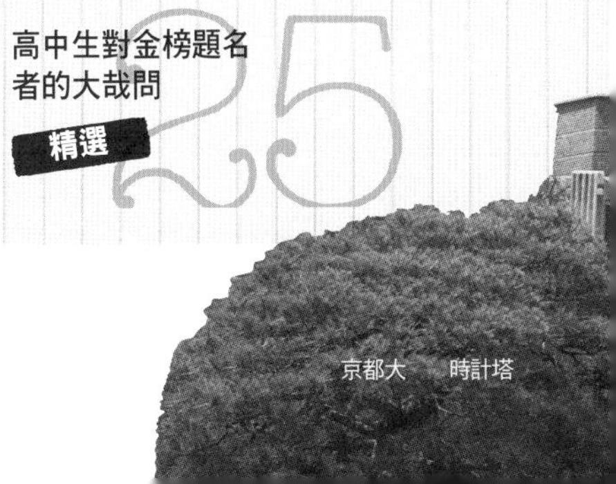

京都大　時計塔

「稀世珍寶正沉睡著，深入研究某個領域的高人也潛藏其中，不管你讀什麼科系，只要有興趣，並開始嘗試，就能接觸到這些人和他們的研究成果，沒有高牆阻礙，通風良好。」（25森井同學．京大）。

另外，聽說東大及京大上課時「教授幾乎都不點名」。在京大，「每堂課都去上的學生，甚至會被教授罵，『成天只知道念書，莫非你是白癡嗎！難道沒有其他事可做？』可見京大的自由程度！」（25田中同學．京大）。讚啦！

受到的影響，絕大多數來自「聰明的朋友」

對於「7準備考試時，受誰影響最大？」在這個問題中，有48個人不假思索地回答是「優秀的朋友」。大家毫不遲疑，一個接著一個地同聲說這些益友對自己的影響，讓人覺得真是驚訝。

不過，男女生對於「好友」的感覺卻不盡相同。

男生講到自己的朋友，絕大多數是讚美之詞，如：「朋友一直很認真，和他在一起，我成績也跟著進步了。」「遇到不懂的問題，就會去請教聰明的朋友。朋友的回答往往比補習班老師親切～」（04結城同學．東大）

但女生內心則容易把朋友當假想敵，如「看到朋友都很優秀，我就會

變得很緊張，會努力想讓自己跟得上程度。」或「很擔心自己會被朋友超越。」等，所以基本上女生對朋友都比較有所保留。

很多東大生與京大生都表示，在國高中補習時，「多虧自己有個聰明的朋友」才得以發揮學習效果。「所謂『聰明的朋友』是指那些念書遇到不懂的事時，不僅不會笑你，還會耐心教你；情路不順時，願意傾聽你的煩惱，陪你一起找出解決方法的人。」請找個這樣的好朋友吧！

「父母不干涉，民主居多」

對於「8準備考試時，父母會囉嗦或要你特別注意些什麼？」這個問題，51人中有47人回答：「他們都很民主」、「什麼都沒說耶！」甚至還有學生嫌家人：「爸媽在隔壁看電視的聲音吵死了~」（09神明同學．東大）

大多數的家長在考試期間不會干涉兒女的念書狀況，平時也很少念東念西。看來，溫和的家庭氣氛，比較有助於考生成績的提升喔！

與家人有關的問題還有一個，那就是「9你認為頭腦好壞與遺傳有關嗎？」48人斬釘截鐵地說「NO！」在上榜者之中，四等親內的家人是東大或京大校友者，僅有4位。大部分家長都只有高中、專科、體育大學或私立大學畢業。

即使祖孫三代皆為東大生的同學也表示，「幼時家庭環境對學習的影響，遠比遺傳基因來得大。」（11小川同學．東大）

說到幼時的家庭環境，許多人表示：「家裡買很多書給我看」、「父母很喜歡看書」、「從小父母就會耐心回答我的疑問」等。看來「東大生．京大生＝小時候看很多書、父母喜歡看書念書、高中起就不大管」的公式是成立的！家裡有考生的爸爸媽媽們，請記得要多看書喔！

現在的讀書時間是「0小時」

我們常聽人說，日本的大學不好考，不過一旦擠進去，就任你玩四年，不知東大或京大是否也如此？有關「20現在每天花多少時間念書呢？」這個疑問，大多數學生回答，「幾乎不太念書，只有在考前或準備老師給的功課等，有特殊需要時才念。」因此，除非未來想考公務員，或為出國留學而需努力練習語文等，一些目標明確的學生才會拼命念書，其他32人居然都回答，每天念書時間是「0」。

另外有8位同學表示，不知為何「在家就是念不下書，反而習慣到麥當勞、摩斯漢堡或星巴克去念，點杯飲料一坐就是幾個小時。」（隨便你們愛到哪裡都好，總之給我多念點書！）

對於「21你知道自己的個性如何？」這個問題，答案琳瑯滿目，但到是有一個相同之處，那就是「好強」，其次是「自尊心很高」，這倒是挺容易理解的！

東大的缺點是「力求安定、視野狹窄」

除上述共通點，還有幾個有趣的內容想跟大家分享。

「4東大．京大的缺點是什麼？」東大生的回答多半大同小異，「不少人只顧著念書，視野非常短淺」、「大學偏差值成績的高低，不等於教育程度的高低」、「大部分的人都只求穩定」等。

相對之下，雖然我們偶而會從京大女生口中聽到「學校太過放任」等負面評語，但京大男生關於京大的缺點，答案大多是「缺點？沒有啊！」完全舉不出缺點，這個答案令人印象深刻。

另外，全部的京大生都認為「京大是天堂～在這裡念書開心極了！」

失戀的挫敗感，遠比準備考試的不安還讓人難受……

「5在考試或人生中，是否曾遭遇過挫折？」在前面五個章節，我們已經敘述過每個學生的問題，這裡大致可歸類為五大類。

1失戀。「還是在中心考試前被甩」、「應屆沒考上的隔天被甩」、「因女友打算重考而跟著重考，沒想到才剛決定重考就立刻被甩」、「開心地跟著考上大阪大學的男人跑了，女人真不值得信賴！」沒想到考試糾葛出的愛恨情仇還挺多的。

有人因重新站起來而得到安慰，也有人因為站不起來而一敗塗地。考試期間被甩的同學一致認為，「失戀比考試更痛苦！」這些全是男同學的經驗，真是可憐啊！

2精神壓力。包括「看不見未來而不安」、「不知落榜後該如何活下去而恐懼」、「擔心面對重考的壓力。」

3自己。「氣自己什麼都做不好」、「討厭自己推卸責任。」

4應屆沒考上。這個問題隔年就自然解決了。很多人都說：「現在回想起來，落榜的經驗，反而讓我更能看清楚自己的人生。」

5念書。「焦急自己的成績怎麼一直沒進步」、「什麼都不想做，陷入低潮期」、「注意力不集中」、「不知怎麼訂讀書計畫」。

對於「6如何克服這些挫折？」這個問題，沒想到多數東大生與京大生的回答居然是：「一直都沒有克服啊！」他們學會了與挫折和平共處，或許這就是人生！

復習的人比預習的人多，大多在清晨念書。每天念書時間超過10小時

「15大家花比較多的時間在預習還是復習？」35人回答復習，13人回答預習（有3人未回答）。

「不復習很容易忘記，但沒預習影響比較小。」（11小川同學）。約有7成左右的學生會復習。

「10什麼時候開始意識到自己是考生？」關於這個回答則天差地別。心思全放在社團活動和體育祭的縣立高中男生們，幾乎都說：「高三那年的夏季，社團活動及體育祭結束後，才有心開始準備考試！」升學高中的學生或女生則早一點，從高一就開始準備，不過絕大多數都是從高二春季開始。

「11想要考上的話，高三夏季時應該具備怎樣的程度呢？」針對這個問題，每個人的見解都很獨到，有人具體地說：「要對國英數其中一

科很有把握，社會理化也不能太爛。」（12石田同學・東大）也有人鼓勵考生：「不管當時程度如何，都有機會能考上。」（10秦同學・東大）

「12考前念書的時間有多長？」絕大多數的學生都念10～12小時，重考時則是「醒著的時間全都在念書。」真是太令人佩服了！

在1～5章中，我們還是看到不少模擬考成績被判定為D或E，卻依然考上名校的同學，所以，考生實在沒必要因為自己模擬考成績不理想而煩惱不已。從這些東大生與京大生身上，我們學到一件事，那就是不管成績如何，只要大家接下來能每天花超過10小時的時間念書，還是有機會考上。請大家一定要拿出毅力！

「13克服弱項課目的方法」千奇百怪，有的建議大家「練習簡單問題」（13林同學・東大）、「養成每天先念弱項科目的習慣」（19庄野同學・東大），有的則是「不擅長某個科目沒關係，解答時只要提醒自己，其實自己並不討厭它就好了」（24岩澤同學・京大），答案應有盡有，但「14背誦的方法」卻只有一個，那就是「要唸出聲音來」（08久保同學・東大）。大家一致認為「背東西沒有訣竅，只能用五官反覆記憶。」「16大家都在早上讀書，還是晚上讀書？」因為「考試是在早上」，所以絕大多數的人都是在早上念書。

突破考試難關，關鍵最終還是在意志力

「17準備考試時，會不會沉迷於電玩或漫畫？」沒想到最多高中生問的問題居然是這個。日本的高中生真有這麼喜歡看漫畫、打電動嗎？（我明知故問啦！）大學生給大家的回答是：「大考到了，自然就不玩了」、「要克制不碰電玩真的很難，所以我索性把它給扔了，以示自己破釜沉舟的決心！」記住，考生是禁玩電玩的喔！

「19一個人住，優點是什麼？」自己一個人住的同學異口同聲說，「身心都會比較獨立自主」因此建議大家有機會不妨搬出來住，而缺點就是「生病時很難受」或「比較容易感到孤獨」等。

「22男女朋友也是東大或京大生嗎？」我們會特意挑這個問題出來，是因8成的男同學都「沒有女朋友」，但女同學卻全都有男朋友，而且「東大的女生多半跟自己系上或社團的男生交往」（03李同學・東大），這可能是因為女生人數少，所以比較受歡迎。男生要加油喔！

「23請告訴我如何突破考試難關？」學生的回答是：「考試最後比的都是抗壓性。大考當天一定要以平常心去應試！」（24岩澤同學），所以「一定要有朋友」、「記得要和朋友一起努力」（14野同學・東大）。

關於24和25兩個問題，我們在1～5章中則已經介紹過，有興趣知道每個學生是怎麼回答的人，請翻回前頁面閱讀。

綜合大家的答案，我們歸納出幾個制勝法則。第一點就是「身邊必須有能夠提供良性刺激的朋友」。交友時，一定要先確認這段友誼能否為你們帶來正面的影響。

找個朋友相互鼓勵，可以讓自己的心智變得更成熟。這些考上的人並不認為「自己多麼堅強」，只是他們懂得在遇到挫折或無法突破困境時，真誠接納現實中的自己，並且毫無掩飾地向好友坦承自己的無助。

希望這些方程式能幫助考生突破考試難關，讓原本令人討厭的人生，變得正面、豐富又有趣。而每個人的房間，就是用來打造這種人生的根據地。

後記

編寫本書的第一步，是從尋找願意接受採訪的東大生與京大生開始。當初先找到的是一群京大生，他們隨和又乾脆的個性，讓人覺得「這就是關西人啊！」而且從這份隨和之中，你感覺不到對方成績好壞等等條件。

相較之下，在尋找東大受訪者時，則花了我們許多時間，過程也比較曲折。受邀的學生不是說「給你看筆記可以，但房間很亂，拒絕受訪」，就是覺得「做某某事覺得很丟臉，所以不願意配合」，也有人「因為要談家裡的事，所以打退堂鼓」，總之就是接連碰壁。東大生真的挺難搞的！

過了一段時間，我們終於將東大生人數湊足了。

決定受訪的對象之後，還是經歷了幾段小插曲，例如，有人臨時託同學告訴我們「她無法接受採訪」等突然拒絕掉。最後聽了我們的企劃覺得「很有趣」，而爽快答應受訪的東大生與京大生，一共有25組共計31人。

書中出現的東大生與京大生，配合度都很高，哪怕我們問的問題再失禮，他們還是能一題接一題回答我們的疑問。那種積極又展開雙臂等著你來問的模樣，像是在對你說：「想問什麼都儘管問！」害我們問問題的人反而有點心虛，真是甘拜下風！

甚至還有學生在解答高中生的疑問時，為了給建議而寫了十幾張紙。正因為有這些熱心的同學協助，才能創作出這麼一本魅力十足的書。

誠摯感謝所有受訪的東大生及京大生，相信不久的未來，我們一定能看到這些人在這個世上的某個地方發光發熱，從事對社會或人群有益的工作。

另外，我們很感謝在「高中生最想知道的一〇〇個問題」提出問題的高中生與家長，以及雙手正拿著此書的讀者，衷心期盼大家看了本書以後，能變得更積極進取。

最後，我還要謝謝美編、裝訂、設計等一手包辦的美編設計——佐佐木早奈小姐，她一如往常認真的工作表現，讓我深受鼓舞。在狂風暴雨中，扛著攝影器材到處跟著去採訪的扶桑社攝影師山田耕司先生，以及給我們機會製作這麼棒的一本書的本公司書籍編輯部總編輯田中亨先生，還有助手品川綠、海野愛子、岩田おつき等ユソブル，謝謝你們，真的非常感謝！

朝日奈由華

國家圖書館出版品預行編目資料

考上第一志願的房間：偷看東大資優生的家／朝日奈由華作；謝佳玲譯. -- 初版. -- 新北市：智富, 2013.03
面；　公分. --（風向；57）

ISBN 978-986-6151-40-8（平裝）

1.大學入學 2.入學考試 3.室內設計

525.611　　　　101026642

風向 57

考上第一志願的房間——偷看東大資優生的家

作　　者／朝日奈由華
譯　　者／謝佳玲
主　　編／簡玉芬
責任編輯／陳文君
書籍設計／米咪（chunan.snowbell@gmail.com）
出 版 者／智富出版有限公司
發 行 人／簡玉珊
地　　址／（231）新北市新店區民生路 19 號 5 樓
電　　話／（02）2218-3277
傳　　真／（02）2218-3239（訂書專線）
（02）2218-7539
劃撥帳號／19816716
戶　　名／智富出版有限公司　單次郵購總金額未滿 500 元（含），請加 50 元掛號費
排版製版／辰皓國際出版製作有限公司
印　　刷／祥新印刷股份有限公司
初版一刷／2013 年 3 月

I S B N／978-986-6151-40-8
定　　價／280 元